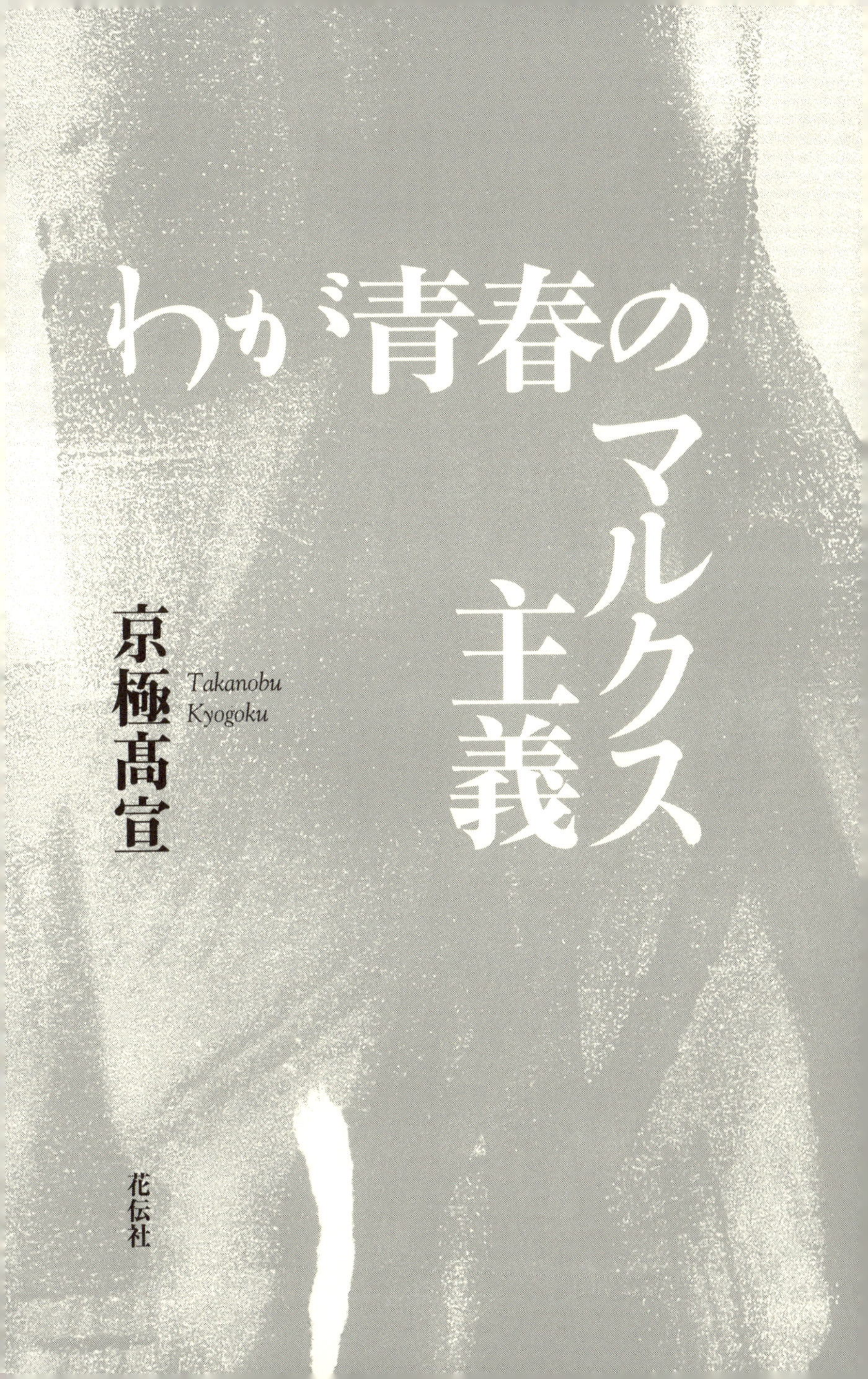

# わが青春のマルクス主義

京極高宣
*Takanobu Kyogoku*

花伝社

わが青春のマルクス主義◆目　次

# 初出一覧

はじめに――わが青春のマルクス主義――（書き下ろし）

第1章「反技術主義の哲学――中岡哲郎氏の大工業観」『経済』一九七三年一月号
《補遺》「経済学批判――マルクス」『月刊福祉』一九八七年一一月号
《解題》（書き下ろし）

第2章「先進国革命と国家独占資本主義論――レーニンの〝国家独占資本主義〟概念をめぐる一断章」
『現代と思想』(33) 一九七八年、一一〇-一三三頁
《補遺》「ソ連型社会主義の生みの親――レーニン」『月刊福祉』一九八七年一二月号
《解題》（書き下ろし）

第3章「「古い思想」の孤独な抵抗――『公明』誌上の鶴田俊正氏の批判に対して」『前衛』一九七九年一月号
《補遺》物価政策の項『日本経済への提言』一九七七年六月
《解題》（書き下ろし）

第4章「社会資本概念の基礎的検討」『経済』一九七三年一一月号
《補遺》「経済理論と〝社会資本〟研究」『労働と研究』一九七六年基礎経済科学研究所東京支部、創刊号
《解題》（書き下ろし）

（注）右の文献引用は雑誌掲載のままとしており、ごく限られた部分に〔　〕で若干の補足をしている。

# はじめに―わが青春のマルクス主義―

読者の諸氏は今日の私に対して想像もつかないかもしれないが、20歳代の私は自他共に許す一マルクス主義者（Marxist）であったと思う。ただし、それはマルクスやエンゲルスの後継者たちによる「政治的イデオロギー」の信奉者では決してなかった。むしろマルクスやエンゲルスが変革の立場から当時の様々な誤ったイデオロギーと闘った学問的姿勢（批判的分析 critical analysis）を尊重していた。これは私の少年時代から青年期にかけて一方で画家志望で絵画に熱中しつつ、他方で独学で獲得した東洋哲学や西洋哲学に関する教養をふまえて、実存主義や初期マルクスの思想的影響を受けたことによる。さらにその後に60年安保闘争の影響などもあり、平和と民主主義を目指す学生運動にも参加する中で、思想的過去を抜け出してマルクス主義に本格的に興味をもってきた。

学生時代には中ソ論争という政治的イデオロギーの対立を垣間見たが、中国の毛沢東思想やソ連のフルシチョフ修正主義にもほとんど全く影響されることもなく、当時は自主独立の立場にたつ日本共産党にむしろ一定のシンパシーを感じていた。が私自身、そうした政治運動にはかかわりなく、マルクス自身の考え方（by Marx）に深く信頼を寄せ、マルクスに関する諸説（on Marx）には興味をもたず自分の頭で独学的マルクス研究を続けていた。また教養学部の時に農業問題研究会を作り、農村医学などにも興味をもった。さらに東大闘争の時期には持病の慢性腎炎が再発して闘病生活を強いられ、特に東京大学大学院経済学研究科博士課程前期に進学してからは、産業組織論等の研究の傍らでマルクスの古典研究にのめり込んだ。その時期の愛読書は、久留間鮫造編『マルクス経済学レキシコン』（大月書店）で、現在は15巻で完成しているが、当時は8巻ぐらい刊行され、原語（ドイツ語）との対訳でマルクス自身の言葉（by Marx）から、その真髄を究めようとしていったのである。そうした中で取得したマルクスの視点と方法を武器に現実の経済政策やイデオロギー的社会思想批判に果敢に挑戦していったのである。

また大卒後に民間経済研究所に就職して、敬友川上則道氏らの仲間と共にサラリーマン社会科学研究会（通称は当時の悪徳業者サラ金に近似した「サラ研」）を組織して、各々拙い研究発表をしあい議論を重ねていた。その頃のサラ研メンバーの一員として、私が発表した論稿が下敷きとなった論文2本（以下（1）と（4））に私独自の研究成果2本を加えて、わが青春時代の計4本のマルクス主義的論考を本書に掲載させていただいた（各々の解題は巻末に今日的観点から大胆率直になされている）。

（1）「反技術主義の哲学——中岡哲郎氏の大工業観」（『経済』一九七二年三月号）

補遺「経済学批判——マルクス」

（2）「先進国革命と国家独占資本主義論——レーニンの〝国家独占資本主義〟概念をめぐる一断章」（『現代と思想』季刊33、一九七八年九月号）

補遺「ソ連型社会主義の生みの親――レーニン」
（3）「「古い思想」の孤独な抵抗――『公明』誌上の鶴田俊正氏の批判に対して」（『前衛』一九七九年一月号）
補遺「物価と通貨量」
（4）「社会資本概念の基礎的検討」（『経済』一九七三年一一月号）
補遺「経済理論と〝社会資本〟研究」

以上の各々の論文は必ずしも系統だっておらず、その時々に話題となった政策思想的課題にマルクス主義の視点と方法から挑戦したものだが、現在からみても瑞々《みずみず》しい感性でマルクスの古典的研究に則った論稿と評価してもおかしくない素朴な内容をもっている。

その後、私は1975年に日本社会事業大学という厚生省立の福祉系大学の教員となり、次いで1984〜1987年に厚生省（当時）社会局社会福祉専門官に3年間「出向」し、大学に復学後、学長（1995〜2005年）に10年間就任し、さらに任期途中で2005〜2010年に厚生労働省国立社会保障・人口問題研究所（社人研と略す）の所長となった。狭い意味の社会福祉研究のみならず年金・医療とを含む社会保障全般の在り方や人口問題の動向にも研究対象を広げざるを得なかった。特に社人研所長時代には、社会保障が日本経済の足を引っ張っているという小泉・竹中路線に義憤を感じて、それを理論的かつ実証的に克服する拙著『社会保障と日本経済』（慶應義塾大学出版会、2007年）等を出版した。

その後は、私はどちらかといえば経済学者としてではなく、もちろんマルクス主義者としてではなく、社会保障・社会福祉の単なる政策科学研究者として社会的評価が定着してしまったようにみえる。しかも現在の私は思想的には唯物論者でもなく唯心論者でもなく、いわば唯人論（唯人主義ヒューマニズム）を自認している。その後のK・ボールディングや社会システム論の強い影響から今やマルクス経済学者でもなく近代経済学者でもない唯の社会科学者となっている。さらに今後は単なる社会科学者でもなく、人文科学者でもない総合人間学者となっていくことを希求している。

しかし私も残こり人生が限られているので、この際私の研究人生の原点というべきマルクス主義者としてのわが青春時代の論考のうち、恥を偲んで若気の至りのものを改めて再録させていただいた次第である。私も、これまでの人生を振り返って、その時々の研究課題に果敢に挑戦してきたので、「伏して地に恥《は》じず・仰いで天に愧《は》ずることなし」（河上肇『自叙伝（V）』）という自覚をもっている。なお、40年以上前のある意味で歴史的かつ論争的文献であることを鑑み、現在の参考註などは一切省略していることをお許しいただきたい。

読者諸氏のご批判、ご意見をいただければ幸いである。

２０１９年10月25日

国立社会保障・人口問題研究所名誉所長

日本社会事業大学名誉教授

京極髙宣

# 第1章

## 反技術主義の哲学——中岡哲郎氏の大工業観

# はじめに

戦後［日本］資本主義の高蓄積過程は、一方において、巨大な生産力の発展過程であったが、他方においで、さまざまな形態の現代的貧困をもたらし、いわゆる「人間疎外」現象を拡大した。まさにこの矛盾する現象のイデオロギー的反映として、いろいろな誤った「左」右の技術哲学が、現在、ジャーナリズムで流行している。

「反技術主義」ともいうべき「左」の技術哲学は、「高度経済成長」の諸矛盾の激化を背景に、にわかに活気づきはじめたようである。中岡哲郎氏は、このような時流にのって、反技術主義の代表的人物として、ジャーナリズムに登場してきた[1]。かれは、「技術進歩は、労働を貧しくする」、「現代では、労働はまったく変質し、もはやマルクスの考えているような全人格形成の意義をもつ労働は存在しない」といった誤った悲観的な労働観を基調に、独特の反技術主義の哲学をうちだし、〝生きがい〟の問題につよい関心をもったサラリーマン、学生などに少なくない影響をあたえている。技術者としての「現場体験」をふまえたという、そして多分に私小説的な色彩をもつ「名文」によって語られる中岡氏の反技術主義哲学は、労働体験をもたない学生や、工場労働と直接かかわりのない都会のサラリーマンには、あるいは現代の独占資本主義の高蓄積下で、没落の危機にさらされている小市民的諸階層の一部には、あたかも予言者の啓示のように聞こえるかもしれない。

たしかに、この「中岡哲学」には全般的危機［状況］における、小市民的危機感を反映したそれなりの「生きた思想」があり、現代の資本主義的諸矛盾にたいする「ある種の抗議」の声がある。しかも、これまでの各種の反技術主義哲学とことなり、きわだって体系的かつ総括的な外観をまとい、ユニークな論理すらみられるのである。しかし、中岡氏が、われわれ精神労働者（「サラリーマン」や技術者など）にたいして語りかけ、労働観をゆがめようとしていることは、見すごすことができない。

この中岡氏の反技術主義については、今まで多くの適切な批判がなされてきたが[2]、その哲学については、さらにつぎの点から分析してみる必要があろう。それは、第一に、中岡氏の思想を、戦後の日本資本主義の発展過程と労働運動史のなかで、いわば「生きた思想」として位置づけること（この点は、かれの思想がなぜ一部のサラリーマン、学生に影響をあたえるのかという問題につながる）。第二に、しばしば「つかまえどころがない」といわれているかれの哲学の特有な論理構造について、総合的に検討することである。ここでは新たな問題点の指摘をふくめ、とくに、第二の点について、中岡哲学の本質と論理の特徴をできるだけ浮彫的に分析してみたい。

## 一　反技術主義の思想形成過程――中岡哲郎氏の経歴

中岡哲郎氏の特異な論理の分析をするまえに、いわば序論的にかれの経歴について簡単にふれておくことは、現代における反技術主義の思想形成過程を知るうえで、さらに日本の小市民的知識人の思想的背景を知るうえで、必ずしも無駄にはならないであろう。とりわけ、中岡氏の場合、「現場体験」をふまえた技術論がキャッチ・フレーズになっているのだからなおさらである。われわれは、『技術の論理・人間の立場』（一九七一年）という著書のなかで、かれのなまの思想吐露を知ると同時に、かれの経歴とその思想変遷を、断片的にだが、つかむことができる。(3)

一九二八年に、京都で生まれ、少年期をあの暗い戦争時代にすごしたかれは、戦後の民主主義のたたかいの明るい息吹のなかで、京都大学理学部に入学することができた。もともと自然科学に強い関心をもちながら、正義心が旺盛で、たんなる自然科学の勉強にあきたらなかったかれは、武谷三男氏の科学技術論に熱中し、おそらく民主主義的な科学運動に、さらに政治運動へと、積極的に参加していったようだ。当時、科学運動と革命運動とは（かれの言葉でいえば、「科学と人間」あるいは「組織と人間」とは）、矛盾のない一体のものとして、まさに前衛党のなかに体現されているとかれには思われた（一三七ページ）。しかしこの確信も、戦後、アメリカ占領軍による民主運動への弾圧と、それを契機として発生した前衛党の困難な状況［日本共産党の分裂］をまえに、うち破られる。こうして、かれは「科学と人間」あるいは「組織と人間」との断絶を、深い「疑惑」と感じつつ、大学を卒業した。大学卒業後、一九五三年に事情あって定時制高校の講師として就職し、好きな科学史の研究を細々と続けることになる。

さらに、一九五六年からはじまった「スターリン批判」という第二の「衝撃」は、その挫折をいっそうつよめたことはいうまでもない。そうした思想状況をあらわして、この時期のかれの関心テーマは、あの「疑惑」を解くかぎとしての「組織論」であり「転向論」であった(4)。このころ、丸山真男氏、梅本克己氏、佐藤昇氏の思想的影響を強くうけたという。さらに「安保以後の諸潮流」＝修正主義的諸潮流と同じく、初期マルクスへの「復帰」、また反共理論家ドイッチャーへの「傾倒」を、そして統計的手法へ「熱中」することになる（一七六〜一七八ページ）。

かれは、六三年に統計学の講師のアルバイトとして、大阪のある溶接機械メーカーに行くことになった。そして翌年から技術者として就職した。その動機の半分は「生活のため」で、あとの半分は「工場を知るため」だったという（『未来』二一二ページ）。こうしてこの中小企業で、品質管理スタッフとして二年、技術課で三年、計五年間のさして長くない「現場体験」をすることになる。さて、この五年間の工場生活は、かれにとっては「とまどい」と「不安」と「緊張」の連続であった。まず小市民的知識人としてのかれは、現場労働者といっしょに働きながら、ある種の「異和感」をとりのぞくことができなかった。当時、かれは実存主義やシモーヌ・ヴェイユの思想に傾倒して、こうのべている。工場を「仕事をするための場所に考え、観察する人間として入っていくことは、必然的に異邦人の立場をえらびとることだ」（五四ページ）。しかし、当時は、かれは、いわゆる「インテリ・コンプレックス」から、労働者階級の立場にたつことを、現場労働者と実際に共に働くことと、即物的に考えていた節がみられるが……。さらに、大学で物理学系の教育しかうけず、技術学に「無知」だったというかれは、技術者としての泥くさい「現場体験」に困惑した。そのなかで従来信じていた武谷技術論の技術概念に疑問を持ち始め、「技術とは生産的実践における客観的法則性の意識的適用である」という［武谷三男氏の］定義ではわりきれない「技術の独自領域」を「発見」する。

ここに、その体験の一端をさらにのぞかせてくれるエピソードがある。それは、かれが工場のある工程を一年がかりですっかり改良して得意になっていると、その工程の担当作業員が「やることがのうなって面白うないわ」といって、その後競馬にこりだしたというのである。このような体験から、のちに、「技術の進歩はつねに労働のなかにある部分を奪うという性格をもっている」（二一四ページ）。

「それは……労働からの対象的自然の喪失が完了しているからにすぎない」（二一六ページ）と結論をひきだす。この現場体験のなかで、かれの関心テーマのウェイトは、従来の組織論から、労働論、技術論へ移行していったことは明白である。しかしここで注意する必要があるのは、当時のかれには、今日の技術進歩にたいする悲観主義がまだ見られないことである。たとえば、六七年にかれは、清水幾太郎氏の未来論への変節を批判した論文「電子計算機は何をもたらすか」を発表したが、そこでつぎのようにのべている。

「清水氏が人間の未来の展望において、われわれをおどろかせるペシミズムに突然たどりつくのは、神の幻想による機械礼賛の必然的結末なのである。だが、機械の欠陥と制約だけを強調して、それを機械否定にむすびつける見方も、また、まったく同様に人間の領域をみおとしているのであることを私は強調しておきたい。そのおちつく先は、せいぜい一種の精神主義にすぎないのである」（一九八ページ）。

まだこのような冷静な眼をもっていたからこそ、かれはのちにこの論文に「〝人間と労働の未来〟に書いたように、現在の私は、計算機化の将来についてこの文章に書いたよりも少し暗いイメージをもっている」（二〇六ページ）と反省的付記をのせざるをえなかったのである。このころの心境をかれは、「今私は自分がどこにいるか、自分は何主義者であるといえるのかわからなくなっている」（一七九ページ）と率直にのべているが、同時に「私はマルクス主義者のはしくれにつながっているのかもしれない」（一七九ページ）という自負もまだ残っていた。

中岡氏が今日の悲観主義的な技術哲学をまとまった体系としてうち出したのは、先の会社を退職し、神戸外大の講師に就任した一九六九年前後のころからであろう。

かれには以前から関心のあるテーマが二つあった。すでにみたように、一つは、組織論、転向論の系譜であり、もう一つは、労働論、技術論の系譜である。最近出版された二つの著書（『技術の論理・人間の立場』、『人間と労働の未来』）の「あとがき」でわかるように、前者は、一一年来の関心テーマであり、後者は、技術者として就職してからのほぼ七年前からのそれである。したがって、この約四年間のタイム・ラグは、かれのテーマ、問題意識の移行をしめすと同時に、その二つのテーマの結合過程＝今日の中岡哲学の形成過程をもしめしている（それは、また、かれが「ものを書けなかった」といっている「四年間」にほぼ対応している）。中岡氏の哲学が、今日のような形で合成されるには、かれの（一）戦後の科学運動（＝科学論）、（二）転向論への傾倒（＝組織論）、（三）工場体験（＝技術論）という関心テーマの推移（時期）のうえに、なおつぎの契機があったと思われる。

それは、戦後資本主義の高蓄積過程、とくに日本の「高度経済成長」の破たんが白日のごとく明らかになったことである。公害、労働災害、交通事故など、どれをとってみても現代資本主義の矛盾の典型的あらわれであり、それは、従来とかく美化されてきた資本主義的「技術革新」そのものへの事実による批判であった。これはまちがいなく、反技術主義を鼓舞した要因である。さらに、六〇年後半から顕著になった社会主義諸国の否定的現象もあげられる。

「これこそが新しい未来をひらく決定的な希望だというような発想こそ、排除せねばならないことを、一九六八年の現実ほどわれわれに教えてくれるものはない。……私有制が廃止されたからといって、労働者が主人になったことを意味しない……」（一二五ページ）。

かれはこうのべているが、現実の社会主義国のなかに、暗いイメージをつよくもったことはあきらかであろう。

これらの六〇年代後半の状況が、中岡氏の反技術主義への傾斜を加速させる契機になったことは容易に想像できる。そこでかれはついに「生産にかぎらず技術は、つまり外化ということにもなって、必然的に疎外をはらむ。しかし、あらゆる実践は技術的なのだ」（『未来』二〇一ページ）と結論し、政治的実践による「外化」＝政治組織における「自己疎外」と生産的実践による「外化」＝機械装置のもたらす「疎外」をオーバー・ラップさせることができたのである。かくてジャーナリズムは、かれを喜んでむかえいれることになる。

以上みてきたように、今日の中岡哲学にいたるまでには、一つの生きた発生史があったのである。中岡哲学の登場は、まさにヘーゲルの名言にあるごとく、「ミネルヴァの梟は迫りくる夕闇とともにはじめて飛びはじめる」といった感を強くするものである。この「ミネルヴァの梟」は、「高度経済成長」の破たんとともにあらわれたが、［後述するように］その原型はすでに一五〇年前から存在していた小市民的概念論に根をもつ、きわめて古いものである。

## 二　小市民的概念論の哲学

### 1　労働の対象化＝疎外論

中岡氏の論理の特徴は、まず、初期マルクスの『経済学・哲学手稿』（一八四四年）を観念論的に解釈した「疎外論」から始めるところにある。この点は、従来の修正主義のそれと基本的に異なるものではないが、かれの独創的なところといえば、これらのあやまった「疎外論」を「ほとんど唯一の手がかり」として技術論へ意識的に適用しようとするところにある。

たとえばつぎの文章は、マルクスが労働の本質についてのべているか、それとも資本主義下の労働についてのべているか、ひとをしばしば「なやませる」という。そして、議論の混乱の責任はマルクスのせいだと、かれはいいたいのである。

　「労働の実現とは、労働の対象化である。この労働の実現が国民経済学的状態においては、労働者の現実性剝奪として現われ、対象化が対象の喪失および対象の奴隷たることとして、我がものとする獲得が疎外として、外化として現われる」[5]（『手稿』九八ページ）。

　もちろん、ここでマルクスがいう疎外は、『手稿』をよくよめば、明白なように「国民経済学的状態」＝資本主義経済関係のもとでの疎外であろう。しかし、かれは「おこりうる混乱をさける鍵」（「人間」一三八ページ）として、つぎの「レベルの異なった二つの疎外（同一三三ページ）を誇らしげにもちだすのである。

　すなわち、第一の「疎外」は、「労働によって対象化された自己は、もはや自己ではないという感覚からくる、つまり外化された自己との距離感覚としての疎外」であり、第二の「疎外」は、「外化された労働が国民経済の下（資本主義経済の下）におかれることからくる疎外」（同）である。

　この「二つの疎外」の区別という「大発見」によって、従来のマルクス主義をかれは、つぎのように非難する。すなわち、かれらは、第一の「疎外」を無視して、資本主義下の疎外のみを重視し、社会主義革命によって、労働の疎外は解決すると楽観主義的に考えている、と。そして、中岡氏にいわせると、前の「疎外」は、いかなる社会形態でも、したがって社会主義のもとでも解決できない宿命的なもの、いわば技術進歩によって不可避的におこるものだというのである。社会主義では、事実「私有制度にかわる〝党の所有〟というふさわしい状況におちいっている」（同一六九ページ）とまでいいきっている。

　以上にみてきた疎外論が、中岡氏の論理の出発点である。ここで、マルクス自身の考え方を簡単に整理しつつ、それとの対比で、かれの哲学的基礎を検討してみよう。

　第一に、マルクスがのべている疎外があくまで、資本主義下の疎外であることを再確認しておこう。その場合、『手稿』で、マルクスが、そもそもなにを意図していたかということを、全体から判断することが大切である。それは、資本主義の諸矛盾の本質として、労働の疎外に着目し、それと私的所有の関連を明らかにすることにあった。マルクスはあくまで資本主義を表象して、一方で、「疎外」をもって私的所有を基礎づけようとし、他方で、疎外が私的所有に起因することの説明を不完全ながら、いわば史的唯物論の「産みの苦しみ」をもって分析している。いずれにしても、中岡氏のいう第一の疎外は、マルクスのいう疎外とは無縁であり、かれの創作物であろう。この「二つの疎外」は、かれにとって強さの程度の差の問題である。かれは、「資本主義に固有な私的所有の制度が、この技術の固有な矛盾と合体するとき、強い〝疎外〟の力がうまれる」（『未来』八七ページ）とのべている。しかしその「強さ」が、どのようなものか、いかに結合してうまれるかについては、現代資本主義のイメージに訴えるだけで、なんら具体的にのべていない。したがって、いつのまにか、資本主義下の疎外とかれのいう第一の「疎外」とは、イメージ的にだぶってくるのである。

第二に、中岡氏が「労働の対象化」という概念を個人主義的、観念論的に解釈していることである。この点は、きわめて重要なので少しくわしくのべておこう。まず、マルクスのいう「疎外」は、いわゆる疎外感とは違って客観的な現実的疎外であることを明確にしておきたい。

マルクスが、さきの引用でのべていることは、つぎのような「なんら特別の明敏さを必要としない(5)」(Gr. 七九六ページ)明白な「現実的なもの」＝現実的矛盾である。すなわち、資本主義のもとでは、労働者が労働生産物を作りだすこと〔＝対象化〕により労働生産物は労働者の手をはなれて資本家のもの〔＝外化〕となり、労働者を苦しめる関係〔＝疎外〕となるということである。したがって、資本主義的生産関係をぬきに労働の対象化すなわち労働の実現化＝客観化と労働の疎外とは、直接になんら関係がないのである。中岡氏は、労働の対象化をまず、精神的能力の対象化に限定したうえで自己意識の対象化とおきかえ、対象化を疎外と強引に結びつけようとする。しかしこのような対象化と疎外を混同する見解こそ、まさに若きマルクスが批判したヘーゲルやフォイエルバッハの見解ではなかったか。マルクスは当時、ヘーゲルの影響を強く受け、また史的唯物論と剰余価値学説を確立していなかったとはいえ、そのような誤った「疎外論」にたいして、その「ドイツ的小市民性」をすでに暴露していた。「人間的本質、人間は、ヘーゲルにとって自己意識に等しい。したがって人間的本質のいっさいの疎外は、自己意識の疎外よりほかのなにものでもない」。「それ自身だけ抽象され固定された自己とは、抽象的なエゴイストとしての人間であり、エゴイズムがその純粋な抽象へ、思考にまで高められたものである」（『手稿』二一八〜二一九ページ）。また、史的唯物論の確立の画期となり、マルクス、エンゲルスの哲学的良心を清算するためにかかれた『ドイツ・イデオロギー』では、そのような「疎外」概念について「疎外というまったく抽象的空語」と断言し、フォイエルバッハの「疎外論」の鋭い批判を展開していることは周知のとおりである（「疎外の揚棄は対称性の揚棄と同一視され」「かくて全過程は〃人間的なるもの〃の自己疎外過程と解された」（『イデオロギー』一二九ページ、一五三ページなど）。さらに、マルクスは、剰余価値学説にもとづく資本主義の経済過程の具体的・歴史的分析をふまえて、つぎのようにのべている。

「ブルジョア経済学者たちは、社会の一定の歴史的発展段階の表象のなかに深く追い込まれているために労働の社会的諸力の対象化の必然性は、彼らの眼には、生きた労働に対立してのそれらの疎外の必然性と分離できないもののように見えるのである」（Gr. 七九五ページ）。

中岡氏は、「今日、多くの青年にとって、疎外という概念は、すぐれて個人的概念である」（「人間」一三一ページ）と今日の青年の一部にみられる思想状況を把握しているが、その思想が正しいかどうかは、全く別の問題であろう。むしろそれは、中岡氏のような小市民的思想のたんなる「告白」にすぎないといえるのではないか。

第三に、中岡氏の「外化」概念の混乱が指摘されよう。かれは「対象化」「外化」「疎外」の区別をしなければならないといいながら、しばしば「外化」を「対象化」と同様にみている。しかし、本来「譲渡する」という意味をふくむこの概念は、かれも認めているように、他人のものになるという意味であり、「疎外」とほぼ同義の概念であろう。これは、はじめに引用したマルクスの文章のなかでも、「外化」が「疎外」とならんで使われていることからもわかる。中岡氏のこの混乱は、「人間が自らを対象化＝外化する〈!?〉ことによって生じる問題と外化したものが他人の所有となる〈!?〉ということから生ずる問題とを注意深く〈!?〉区別」（「人間」一三六ページ）しようという叙述に端的にあらわれている。これは、「外化」という日本語の語感からくるあやまりだけではなかろう。

中岡氏の場合、単なる労働の対象化を小市民的な観念論から自己意識の対象化と理解することにより、労働の結果＝労働生産物が作られることが「対象化」とならず、あやまって「外化」になってしまうのではないだろうか。

以上、みたように、人間を自己と等置し、資本主義のイメージにとらわれた誤った疎外論、いわば対象化＝疎外論の小市民的な観念論、個人主義思想を、マルクスは明確に批判していたのである。したがって、中岡氏が「唯一の手がかりとした」マルクスの「疎外論」は、マルクスのそれではなく、きわめて古くからあった観念論の哲学である。

## 2 「技術の絶対矛盾」論

中岡氏の技術哲学の本質は、以上のような「疎外論」にもとづいた「技術の絶対矛盾」論ということがいえる。それは、技術進歩そのものは一面では、人間の「享受」をもたらすが、他面では、労働の単純労働への分解を促進し、労働者の精神的能力を装置が奪うことにより、いかなる社会形態でも「疎外」を生みだすという論理である。そもそも、さきの誤った「疎外論」の論理的帰結は、疎外と対象化の同一視によって、資本主義的疎外が永遠化されるか、さもなければ、対象化と疎外の関係が、外化＝疎外の二重性として、肯定面と否定面に折衷的に並列化されるほかはないであろう。したがって、この「技術の絶対矛盾」論が、対象化と疎外の同一視にもとづいているという多くの批判にたいして、かれがつぎのような反論をあらかじめ用意しているのは、きわめて当然なことかもしれない。かれの反批判は、つぎのようである。

「私は、そのように書かなかったつもりである。私は、むしろ、対象化からスタートする二つの過程の背反した構造に注意したのだ。……対象化→外化→享受と、対象化→外化→疎外という同じ対象化から出発する二つの運動の矛盾の中に人間はおかれている。いや、その矛盾が、人間の自己形成の条件であった」（『哲学』二四〇ページ）。

ここには、問題点のあきらかなすりかえがみられる。問題は、対象化のもたらす結果が「疎外」だけでなく、「享受」もあるということではない。対象化（あるいは技術）が、一面において、いかなる社会形態でも「必然的に疎外をはらむ」というかれの論理そのものにあるのである。しかも、「二つの過程の背反した構造」という見解も、自己撞着におちいっている。すなわち、「享受」と「疎外」の分裂は、人間の類的存在＝社会的存在によるものと、かれが認めている以上、その社会的存在が、いかなる歴史的社会形態のもとにあるかを問題としなければならなかったはずである。ところが、かれは、その問題を回避して、いかなる社会においても、労働の対象化が、二つの対立する結果（「享受」と「疎外」）をもたらすという「人間学」的な矛盾をもちだし、その結果として、資本主義的「疎外」現象も、永遠の自然属性のごとくみるのである。われわれは、この「矛盾」概念のなかに、あのプルードンの二元論――つまり、資本主義の進歩がもたらす良い面と悪い面という折衷主義――を想起せざるをえない。

このような抽象的人間の「矛盾」に、現代の問題の逃げ道をもとめるのは、マルクスがいう「動いている社会的矛盾」としての小市民思想の典型ではないか。

「小ブルジョアは、進歩した社会では、彼の地位から必然に、一方では社会主義者であり、他方では経済学者である。つまり、彼は大ブルジョアジーの華美と民衆の苦しみにたいする同情とに目をくらまされている。彼の意識の内部で、彼は自分が公平であり、おこがましくも凡庸とはちがうと称するただしい平衡を見いだしたことを誇りにしている。このような小ブルジョアは矛盾を神化しているが、それは矛盾が彼の存在の基礎だからである。彼は行動にうつされた社会的矛盾にほかならない」（『貧困』二二ページ）。

この小市民思想の分析は、中岡氏の思想を本質的につかむうえで、決定的に重要である。中岡氏は、自分の文章が「終りに近づくにつれて、明確なことを何も語りたがらないのにイライラした」(『立場』二六六ページ) と嘆息しているが、それは、そのはずである。というのは、「技術の絶対矛盾論」では、疎外からの解放は、もともと不可能であったからである。なぜなら、一方で、私的所有が廃止されても、あの「疎外」は克服されないし、他方で、技術進歩あるいは生産力の発展は、ますますその「疎外」を拡大する、と誤解するからである。かれは、マルクス引用で自己の論理を権威づけているが、それに反してマルクスは、つぎのように展望している。「この〃疎外〃——哲学者たちにわかる言い方をつづけるなら——は、当然ただ二つの実践的前提のもとでのみ廃棄されうる」。そこで、その二つの前提として、(1) プロレタリアートによる私的所有の廃止、(2) 生産力の高度な発展をあげている。そして、当面のプロレタリアートの任務を第一の前提におくのである (『イデオロギー』六六〜六八ページ)。中岡氏は、マルクスのこの展望とまったく正反対に、このどちらの前提についても、小市民的立場から、悲観的である。

## 三　俗流経済学の論理

中岡氏の反技術主義は、いま見てきたような反動的な小市民的観念論にその哲学的基礎をおいている。しかしかれが、その哲学的基礎を、悲観主義的な結論に直接むすびつけていないことに注意を払いたい。その媒介には、かれ特有の経済学の「論理」があるのである。この点について、いままで充分に批判がなされてはいないようにみえるが、少なくともつぎの二つの巧妙な「論理」を指摘したい。その第一は、技術とその資本主義的利用の「区別」の問題（かれはそれをとくに、いわゆる「コストの論理」によって説明している）、第二に、大工業とその資本主義的形態の区別の問題（今日の工場のイメージをもちだして工場の概念とすりかえている）である。

### 1　機械の資本主義的「充用」概念――とくに「コストの論理」について

従来の小市民的反技術主義と異なり、中岡氏の論理の特徴は、技術とその資本主義的利用の「区別」を、むしろ積極的に強調するところにある。「私は、冷静な議論は、技術自体に属するものと、その資本主義的利用にもとづくものとを、正確に区別しなければならないと思うのである」（『未来』八七ページ）。この積極的な「区別」の意図は、さきにみた「技術の絶対矛盾」のたんなるプロローグにすぎないのだが、問題は、このような意図からなされた中岡氏の「区別」がいかなるものかであろう。

まずはじめに、かれは、技術の資本主義的利用とその社会主義的利用の質的区別の問題をまったく量的な程度の問題ととらえていることを指摘せねばならない。このようにして、つぎに、かれは、「技術の可能性として提供するものと経済を媒介にしたものの社会的現実化との関係」を、生産関係をぬきに抽象的に考察し、この「経済の媒介」をコストの制約＝いわゆる「コストの論理」によって説明する。今日、とかく単純なコストの制約からのみ技術と経済の関係をとらえる安易な見解がしばしばみられるが、ここで中岡氏も、その例にもれないのである。かれは、この「コストの論理」についてつぎのようにのべている。「技術の提供する可能性は、通常その〝採算〟に合う部分だけがいちじるしく拡大されて社会化されてしまう」（『未来』五八ページ）。「しかし、社会主義なら……コストは要因にならないかといえば、絶対にそうではない。……資本主義でもっとも露骨にあらわされるけれども」（たんなる量的問題か⁉）「コストが設計の段階で工程の構造をきめる要因として入りこんでくると言う事実は、あらゆる経済制度に共通の特徴として認めなければならないことである。このことは多くの論者によってしばしば見落とされる」（こんな単純なことをか⁉）。「技術的に可能な過程が、ただちに社会的に実現する過程にほかならないのはこのためである」（『過程』二一八〜二一一ページ）。このように中岡氏は、抽象的な技術の一般的利用を、「コストの論理」によって説明し、その程度の問題として、技術の資本主義的利用をみている。

　先まわりしていえば、かれの経済学上の立場は、まず俗流ブルジョア経済学のそれである。すなわち、現に目前でおこっている資本主義的「コスト」を自明の前提として、超歴史的にコストの問題を考えているからである。しかし、冷静な議論というものは、「コスト」にかぎらず、「経済的諸範疇は、社会的生産諸関係の理論的表現、その抽象にすぎない」（『貧困』一五九ページ）ことを忘れてはならない。したがって、この場合まず問題となるのは、歴史的にみて、いかなる生産関係、階級関係における「コスト」なのかである。このようにみるならば、機械装置の実用化限界をなす「コスト」に関しても、利潤獲得を目的とする資本主義では、狭義の「コスト」すなわち「機械の価格と機械によって代わられる労働力の価格との差」(K.I 五一二ページ)が基本的に重要な意味をもち、きわめて狭くあらわされるが、本来の社会主義経済では広義の「コスト」すなわち「機械の生産に必要な労働量と機械によって代わられる労働の総量との差」(同上)が決定的意味をもって、領域もひろくあらわされるのである。[6] 中岡氏には「コスト」の歴史的経済的分析は皆無である。また技術の社会的利用を、たんに「コスト」との関連でのみとらえ、しかも資本主義的「コストの論理」を、やむをえないものとみる見方は誤りであろう。公害や労働災害に苦しんでいる現代の労働者にとって、そしてもちろん社会主義においてはいうまでもなく、技術の社会的利用形態というものは、まずもって、国民のためという利用目的、現場の労働条件や地域環境条件の科学的あり方などによって、具体的に、いわば「使用価値」的に把握されねばならないものである。

今日、そのような手つづきをふんでも、現代の巨大な生産力、科学技術は、独占利潤をおさえさえすれば広義の「コスト」の制約にもかかわらず、じゅうぶんあまりある労働生産性の向上を実現することができるのではなかろうか。

しかしこのようにいっても中岡氏は、自己の技術者としての「現場体験」から、「コストの論理」の実感に訴えるだろう。かれは、感傷的な口調で「機械は、たえず人間を裏切る」(『立場』一九七ページ)、「この機械が裏切る瞬間は機械の資本主義的充用だけに集約しつくすことはできないと私は感じている。これは当然の事実なのだ」(『哲学』二四一ページ)と、たえず語っている。さて、かれをして、この「感じ」を「事実」にまで高めさせてしまうものは、いったいなにか。これこそ、われわれをとりまく資本主義的経済関係ではなかろうか。それは、まさに、資本主義的企業の、とりわけかれが勤務していたような中小企業の技術者が、技術開発にあたって、いかに、資本主義的なコストの制約(=「コストの論理」)に苦しんでいるかを物語っているにすぎないのではなかろうか。

以上、検討したように、中岡氏にとって、技術とその資本主義的利用との「区別」の問題は、アイマイな「コストの論理」を媒介に、「可能性」と「現実性」との抽象的関係という形而上学を駆使させ、あとは、「感性」に訴えてことたりるのである。いずれにしても、この「区別」の問題は、生産関係をぬきにした技術的可能性とその一般的利用という問題に不用意におきかえられてはならない。その「すりかえ」論理の「おちつく先」は、技術の現代資本主義利用の諸結果を技術そのもののせいにしてしまうからである。

ここで、機械の資本主義的充用について若干、付記すればつぎのようになろう。機械の資本主義的充用とは、資本主義的生産関係のもとでの機械の充用のことである。この場合の「充用」の意味は、かれも誤解しているように「機械の協業」とか「機械体系」とかいう技術的意味ではなく、社会的意味での「充用」である。このように考えれば、機械の社会的充用は、一つの経済関係を現わしているということができよう。すでにマルクスはプルードン批判で「機械の現代的充用[資本主義的充用]は、わが現代の経済秩序の諸関係[資本主義的経済関係]の一つである」(『貧困』一二三ページ)

と明言していた。ところで、この機械と資本主義的充用の区別ができなかった悲劇は、あのラッダイト運動にみることができる。しかし労働者階級は今日においてすでにそれをのりこえた。そのためには、「時間と経験とが必要だった」（K.I 五六〇ページ）が、中岡氏は二世紀もへた今日でも、生産点における「全共闘」的運動のなかにそのおもかげをみて、再版ラッダイト運動を夢みているようにみうけられる。もちろん、かれは、機械を打ちこわせとはいわない。ただ技術進歩に反対し、むなしい抵抗をこころみるよう訴えるのだ。(7)

## 2　小市民の機械制大工業観

「大工業とその資本主義的形態」（K.I 六三四ページ）の区別の問題になると、中岡氏の混乱はきわだってくる。そこでかれの機械制大工業観を、とくにかれが分析の主力をそそいでいる「工場」に着目しつつ検討してみたい。

まず、かれは、「マルクスの想べた工場」と、今日の工場とのイメージの違いを強調する。「そのイメージの違いは、おそらくマルクスは動力の伝達経路を軸として工場を考えたのに対して、我々は加工される製品の移動経路を軸として工場を設計するという違いによるのである」（「過程」一九八ページ）。この指摘は、たしかに的を得たものがある。この一〇〇年間の巨大な生産力の発展そのものが、工場の形態を、したがってまたそのイメージを変革したのは当然である。しかしここで問題なのは、マルクスのいう機械制大工業あるいはその工場の「イメージ」ではなく、その見方が、まったく古くなって、現代の資本主義工場への分析道具になりえないかどうかということであろう。そこで中岡氏は、用心深く、つぎのようにいう。

「このことは、単に形態の問題ではない重要な分岐につながってくる」（同一九八〜九ページ）。この「分岐」から生まれるかれの見解は、要約すると以下のように整理される。

（1）マルクスは、機械の協業と機械体系とを区別しているものの、もっぱら機械の協業のみを分析している。（2）しかし、今日の工場は、電気エネルギーを軸とした機械体系そのものである。（3）したがって、マルクスのいう大工業の革命的意義、たとえば「マニファクチュア的分業の止揚」「個人の全面的発達の可能性」は、あくまで機械の協業期にのみあてはまるものである、と。

以上の三段論法には、問題点がいくつかあるが、ここで重要な点は、マルクスが機械制大工業段階をマニファクチュア段階と比較しているのにたいし、中岡氏は意識的に機械制大工業段階における機械の協業期と機械体系期を比較していることである。いいかえると、かれは、大工業段階とマニュ段階を意識的に同列視しているのである。たとえば「マニュファクチュアでは工程は、労働者に適合させられて分割されるのに対して、機械体系の方では、客観的に技術学的に分割される、という本質的な差があるとマルクスはいっているが、それはあまり重要な差とは思えない」（「過程」二〇〇ページ）。「工場の編成の原理を示すにはマニュファクチュアで十分である」（同二〇一ページ）等の主張にあらわれている。このように、かれは、機械制大工業の「工場」のイメージを、マニュ段階の「作業場」とオーバー・ラップさせて「部分工程への生涯的しばりつけ」などを、「純粋に技術的であり、機械体系の資本主義的充用によるものではない」（同二〇〇ページ）と、強弁するのである。

たしかにマニュ段階には、その手工業的な技術的基礎が、ある意味で、部分労働の細部熟練とその固定的分業化を必然化させたといえる。しかし、そこから大工業段階で、類推的に同一の結論をひきだしてもよいものであろうか。

さて、機械制大工業とマニュファクチュアの違いを、マルクスのいうところにしたがって、検討してみよう。マルクスは広義の生産様式を「労働の技術的諸過程と社会的諸編成」（K.I 六六一ページ）という二側面から、とらえていた（ここで、技術的過程は、社会的編成をその相互作用のなかで、究極的に規定する）。マニュファクチュアは、基本的に、道具と熟練労働による手工業体系にとどまっているが、機械制大工業は、手工業をのりこえた、機械と単純労働にもとづく新しい生産力体系である。ところで「生産様式の変革は、マニュファクチュアでは労働力を出発点とし、大工業では労働手段を出発点とする」（K.I 四八五ページ）。この労働手段＝機械からの出発してのみ、近代工業は、熟練や秘技にかわって、近代的技術学の発達、自然科学の意識的適用を可能とし、絶えざる生産様式の変革、生産力の飛躍的発展をなしとげたのである。その意味で、「近代工業の技術的基礎は、革命的なのであるが、以前のすべての生産様式の技術的基礎は、本質的に保守的だった」（K.I 六三三〜六三四ページ）ということができる。

ところで、注意しなければならないことは、マルクスの『資本論』では、この大工業とマニュの比較は、あくまで、資本主義経済のなかで考察されていることである。したがって、マニュ段階から大工業への移行は、たんに技術進歩の過程としてでなく、同時に、「相対的剰余価値の生産」の過程であり、さらに「資本のもとへの労働の実質的従属」（K.I 六六一ページ）の過程である。マルクスはこの機械が資本主義的生産様式にもたらす意義を、つぎのようにのべている。「機械は、社会的生産の規制原理としての手工業的活動を廃棄する。こうして、一方では、労働者を一つの部分機能に一生涯縛りつけておく技術上の根拠は除かれてしまう。他方では、同じ原理がそれまではまだ資本の支配に加えられていた制限もなくなる」（K.I 四八四ページ）。つまり、機械によるこの「制限」解除こそ、資本家に「相対的剰余価値の生産」を、そして労働者に「資本のもとへの実質的従属」を必然化させるのである。このようにして「工場全体への、したがって資本家への、労働者の絶望的な従属が完成される」（K.I 五五二ページ）のである。

以上のように見るならば、資本主義のもとで、機械のもつ技術的可能性が制限されるのではなくて、むしろ、まさに、資本主義的に発揮されることによって、つぎのような諸結果、たとえば、自己の熟練を機械によって奪われた労働者が、「部分機械の部分」（K.I 五五二ページ）になるなど（いわゆる「疎外」現象）が拡大するのである。なるほど、資本主義的大工業、あるいはその生産単位としての「工場」には、かれが流暢な、感傷的な筆致でのべているように、機械装置への労働者の従属がみられる。しかし、それは、マルクスのいう「資本のもとへの労働の実質的従属」の現象形態ではないか。

このようにみれば、中岡氏の見解は、マルクスがすでに批判したように、「大工業を実は、マニュファクチュアの立場からしか把握しない」（K.I 四五九ページ）見方である。残念ながら、われわれは、かれの大工業の「イメージ」のなかに、近代性と反動性の明らかに皮肉な対照を見ることができる。

中岡氏は、以上垣間みたマルクスの大工業観について「ただ技術的可能性にたいしてあまりにもバラ色に、その資本制的充用の結果にたいしてあまりに悲惨に描きわけたこの対比は、若干の警戒を要する」（『過程』一九七ページ）と批判的にのべている。この主張には、明らかに、マルクスの見解をわい曲したところがみられるが、同時に、中岡氏のつぎのような混乱がのぞいている。

すなわち、大工業とその資本主義的形態との区別についての混乱である。マルクスは、大工業とその資本主義的形態の関係をつぎのように把握していた。「機械や化学的工程やその他の方法によって、近代工業は、生産の技術的基礎とともに労働者の機能や労働過程の社会的結合をも絶えず変革する。したがってまた、それは社会のなかでの分業をも絶えず変革し、大量の資本と労働者の大群とを一つの生産部門から他の生産部門へと絶えまなく投げ出し投げ入れる。したがって、大工業の本性は、労働の転換、機能の流動、労働者の全面的可動性を必然的にする。他面では、大工業は、その資本主義的形態において、古い分業をその骨化した分枝をつけたままで再生産する」（K.I 六三四ページ）。これは、労働者の全面的発達の問題をのべた有名な箇所であるが、ここでまず大切な点は、マルクスが大工業そのものとその資本主義的形態とを明確に区別しているころである。

この区別にもとづいてのみ、マルクスは、大工業に人間疎外の要因をみるのではなく、むしろ反対に人間疎外の克服の前提条件の一つを、すなわち、資本主義社会を変革し、さらに将来の社会を形成する物質的基礎をみることができた。ところが、中岡氏らの反技術主義者は、この区別をしないために、かりに機械とその資本主義的充用を主観的には「区別」していても、事実上、大工業そのものに、あるいは、大工業の二つの側面のどちらか（すなわち「技術的過程」か、さもなくば「社会的編成」）に、人間疎外の要因をもとめる結果になるのである（ここで中岡氏の技術論と組織論のあの関連に注意してほしい）。

さらに重要なことを、つぎに指摘せねばならない。マルクスは大工業とその資本主義的形態の関係を、たんに分析的に「区別」するだけでなく、弁証法的に「絶対的矛盾」（K.I 六三四ページ）ととらえていたことである。すなわち、いまみた大工業の技術的必然性とその資本主義的形態に固有な社会的性格との矛盾がそれである。この矛盾は、中岡氏が考えているように、たんに「可能性」と「現実性」との抽象関係では、なかろう。たんなる「可能性」と「現実性」とは現実的矛盾ではないからである。それは、高度に発達した資本主義における生産力と生産関係との矛盾の発現ととらえるべきものであろう。

マルクスは、資本主義的大工業の「絶対的矛盾」を、きわめて重視し、そのなかに、資本主義の揚棄の決定的モメントを明らかにみていたのである。「一つの歴史的な生産形態の諸矛盾の発展は、その解体と新形成への唯一の歴史的な道である」（K.I 五一二ページ）。このようにみるならば今日の「左」右の技術哲学は、この資本主義的大工業の「絶対的矛盾」の二側面の一方のみを、絶対視するイデオロギーということができよう。矛盾の一側面だけを形而上学的にみるならば、変革のモメントは、正しく把握できないのは当然である。

中岡氏は、小市民という「動きつつある社会的矛盾」の立場から、資本主義的大工業の「絶対的矛盾」を理解できずに、資本主義の変革のモメントを見失って動揺する。こうして中岡氏にとって、資本主義的大工業の「絶対的矛盾」を誤って「技術の絶対矛盾」ととらえたことが、反技術主義への「つまづきの石」であったといえる。かれの反技術主義は、古い小市民的大工業観〈いわば「マニュファクチュアの哲学」〉にもとづいているのである。

## 四　労働の未来への悲観的な展望

### 1　熟練の「解体」＝全面的発達の否定論

中岡哲郎氏の反技術主義哲学における最大の強調点は、いうまでもなく現代における「個人の全面的発達の否定」におかれている。そこで、かれは、「最も重要な鍵になる概念」として、「労働の熟練」をとりあげ、かれの論理すべてをそこに投入する。

かれは、まず「私は生産労働と教育の結合の有効性を否定するものではなく、マルクスと同様に当時の機械工たちの多能性と技術的転換に対する対応力にひとつの理想像をみるものだが、しかし……彼のみていた〝主労働者〟は解体してしまった存在であることを忘れないで欲しい」（『未来』七八ページ）とのべて、今日では、もはやマルクスのいう「個人の全面的発達」はありえないと主張する。この主張については、多くの批判がなされてきたが、われわれは、中岡氏が、その主張をだれにむかって語っているかをあらたに注目しなおさねばならない。「過去の百年間に熟練の解体の波をかぶったのが、職人と熟練工であったとすれば、これから百年に熟練の解体の影響をもっとも大きくうけるのは、私が……現代の熟練工であり、職人であるとして描いた管理的労働者——中堅ホワイトカラー、医師、科学者、ジャーナリスト等々であることはまちがいない」（同一七八ページ）。このようにかれの対話の相手は、いわゆる「現場労働者」ではなく、明らかに、現代の精神労働者（あるいは、知識労働者）である。

そこでかれは、われわれサラリーマンや技術者等に、つぎのように警告する。——君たちは、「情報化社会」、「管理社会」などという現代イデオロギーに幻想をいだいて、自分たちの地位の危機を、すなわち精神的能力の「解体」の危機を忘れている。それはオートメーション工場での、熟練労働の「解体」と同じことなのだ。「ひとごとではないのだぞ」、君たちとちがって、私は工場の「現場体験」を通じて、それを知っているのだから——と。この主張は、現代の精神労働が、ある面で、肉体労働化し、単純労働化している状況を反映したものとして、またブルジョア的未来論などへの啓蒙主義的批判として、それなりに現代的意義をもっているかもしれない。しかしそれ以上のものではない。けっきょくのところ、かれは「知的労働者は幻想にとりまかれている」（「幻想」）と精神労働者の危機意識に訴えるだけで、真の解決、すなわち知識労働者がすすむべき道については「私はやっぱり〝腕をたずさえて立ち去る〟自由の現代版を夢みているにすぎないのかもしれない」(『未来』二一一ページ)と無責任に述べているだけである。

それはさておき、すでにかれの見解の背景を検討してきたわれわれは、もはや、その誤りに、容易に気づくことができよう。

まず、第一に、マルクスが生きていた一九世紀の工場と今日の工場のイメージの相違を恣意的に対比させることによって、労働者の「全面的発達」を、「多能工」化と、概念的に混同していることである。たしかに、マルクスは、当時の機械工のなかにあった多面的労働能力を、マニュファクチュアの部分労働の奇形化された能力とくらべ、積極的に評価していた。しかし、あくまで、そのかぎりでの比較であり、機械工が、マルクスにおける「労働者の全面的発達」の本来的イメージでは決してなかった。むしろ、マルクスは、資本主義的工場にみられる「主労働者と補助労働者の分業」のなかに、マニュ的作業場内分業が「いっそう奇怪なかたちで再生産されている」(K.I 六三一ページ)ことを指摘し、全体としてみた労働者の全面的発達が、いちじるしく制約されている多くの事実をあげている。

このようにゆがめられたタイプの熟練労働者に「個人の全面的発達」の理想像をみたのは、マルクスではなく、かのプルードンであった。プルードンは「一本の針の一二の部分をすべてつぎつぎにつくることを労働者に提議する」(『貧困』一九二ページ)のであった。もちろん、プルードンの時代と今日とでは、生産力の発展段階がまったくちがい、したがって熟練労働者の内容も、当然ことなるが、中岡氏の理想像は、本質的には、このプルードンの「総合的労働者」の現代版である。だからこそ、プルードンと同様に中岡氏は、さらに中世的ギルド職人にある種の郷愁を感じている。この現代版はたしかに現代の資本主義的「合理化」のなかで、労働者階級がおかれた悲惨な状況を反映しているが、同時にすすみゆく機械化、オートメーション化のなかで、自分だけは、企業にすてられない存在であると自負している、あるいは、そう願望している現代の熟練労働者や知識労働者の一部にみられる小市民的な職人気質を代表している。しかし、ともかく、このような資本家も、しばしば期待する労働者像は、なんとも貧弱な「個人の全面的発達」のイメージではないか。

「個人の全面的発達」とは、たんに直接労働部面だけではなく、もともと労働者の全人格的あるいは、全生活領域における発達の問題である。機械工的多能化＝全面発達という中岡氏の思想には全面的発達の問題を、もっぱら、直接的労働過程＝現場労働のなかでみる誤った「生産点主義」がのぞいている。このようにみるならば、戦後日本の青年労働者の自己教育熱は、もちろん資本主義のなかで、生きるための労働者間の必死な競争の現われでもあるが、かれが軽べつしているような労働外への回避、「過剰教育」を意味するものではなく、独占資本主義下での技術進歩への死にものぐるいの対応と同時に「個人の全面的発達」へむけての強い関心と見ることができよう。

さらに中岡氏は「全面的発達の可能性」の根拠を、たんに個人の転職のチャンスに限定してしまっている。これもまた、プルードンの「渡り職人の思想」の再現であり、かれの公式的な「生産点主義」の現われである。この問題にたいする中岡氏の理解はつぎのごとくである。「〈マルクスは〉資本主義は骨がらみの分業を再生産するけれども、結局、転換〈かれの意味は、転職〉の方が優勢であって、労働者は、他面的に訓練されざるをえないとみた」（「過程」二一七ページ）。しかし、今日のオートメーション工場では、マルクスの時代とことなり「はるかに固定的分業」、「機能的とじこめ」（同上）が支配的であり、もはや「多面性の根拠」は失われたと。しかし、マルクスのみた「可能性」の根拠は、このような個人の転職のみではなく、また、奇形的分業の再生産と転職のどちらが優勢かという量的な問題では決してなかった。「個人の全面的発達」の根拠は、たんに個人の転職のチャンスにないことは今日の資本主義社会で、これから就職する新規労働者の教育課程が重視されていることからみても、明らかだが、この問題を正確に検討するためには、ここでもさきにみたマルクスの資本主義的大工業の「絶対的矛盾」という観点が、不可欠である。その観点によれば、全面的発達の実現可能性は、大工業の本性＝革命性にあった。それは、たんに個々の労働者が転職するチャンスをつくるというよりは、むしろ全体としてみた労働者の機能結合形態をたえず変革し、したがって旧来の熟練労働を解体させる過程そのものにあると思われる。個々の労働者の転職は、いわば、その結果である。この過程は、オートメーション化のなかで、顕著にみられるが、作業を「誰にでもできるものにする」ことは、労働時間の短縮とあいまって、むしろ、それ自体「全面的発達」の現実的可能性を意味するのではないか。この傾向が、労働者全体に現実化していかないことこそ、まさに資本主義的制約であるとマルクスは、みていると思われる。

以上みた、マルクスの見解は、中岡氏の熟練の「解体」＝全面的発達の否定の論理とは、およそ正反対のものである。中岡氏は、全面的発達を多能工と同一視することから、オートメーション化そのものに、絶望的に全面的発達の否定をみてしまうのである。

第二に、かれが理解している熟練の「解体」の意味が問題である。中岡氏はオートメーション下における熟練労働の解体＝単純労働化の進行の中で、労働者の失われたリストを三つあげている。それは、(1)対象としての自然、(2)人間と人間のつながり、(3)全体とのつながりである(『未来』一八二ページ)。これがかれのいう「解体」の意味であり、したがって現代においては、技術進歩は労働をまずしくするというのではある。

しかし、機械化、オートメーションの進行は、全体としてみた労働内容が、技術的過程の側面からは、いわゆる「単純な労働過程」を離れ、精神労働化していくこと、社会的編成の側面からは、労働が個人的行為から社会的行為へ移っていくことを、意味しているにすぎない。イメージの豊かな中岡氏は、かえって現代資本主義のオートメーションの暗いイメージに色濃くしばられて、この過程を客観的にみることはできなかったようである。この過程は、客観的には、人間が自然から離れるのではなくて、自然を支配するということであり、また「人間と人間のつながり」や「全体のつながり」が、失われていくのではなく、労働の社会化としてますます拡大していくことなのである。ともかく、ここでの中岡氏の最大の誤りは、熟練の「解体」の意味における経済制度の相違をまったく捨象していることにあろう。たとえば、かれは、資本主義のもとで、熟練労働者が、その能力を装置によって奪われることを恐れる理由を、「自己を発揮できない」等々の意識、あるいは職人気質から説明している。しかし、資本主義にもとづく存在、すなわち、失業、賃金低下、じゅうぶんな再教育が保障されていないことなど、賃労働に規定された客観的な生活条件を、無視している。かのラッダイト運動も、労働者の生存条件をかけてのたたかいだからこそ、あのようにはげしかったのではなかったか。

第三に、生産力の発展段階にもとづく熟練労働の「区別」が中岡氏にはきわめてあいまいで、非歴史的なことである。熟練労働は、経済学的には、大多数の単純労働と比較しての相対的概念である。したがって生産力の発展段階がことなれば、熟練労働の態様も当然ことなる。もちろんかれは、個々の箇所では、この「区別」をしているが、たとえば、多能工＝熟練労働、単能工＝単純労働という見解が、かれの概念的混乱をしめしていないか。というのは、ここでいう多能工と単能工は、おそらく特定の機械制大工業段階での「熟練労働力」範疇の内的区分であるからである。中岡氏は、手工業段階の職人、マニュ段階の部分労働者、大工業段階の機械工などを同列におき、現代の精神労働者を「新しい熟練工」とのみとらえ、熟練労働の歴史的具体的分析をおこたって、「労働の一方的単能化、不熟練化という視点」（『人間』一四六ページ）を主張するだけである。

第四に問題なのは、「新しい熟練工」といわれている知識労働者を単純労働者、あるいは現場労働者に対立し、それを支配する知的エリート＝資本家階級とは別個の支配階級とみる思想である。中岡氏は、自分の説が一方的な不熟練化ではないとの弁解から「新しく誕生する熟練がいちじるしく少数者の知的独占……にさらされ易い構造をもっている」。「新しい熟練をになう労働と熟練を装置に吸収され、ますます補助的になり、単純化していく多数の労働者との断層が、二つの労働の対立とでもいうべき状況を作り出してゆきつつある」（『哲学』二三九ページ）とのべている。この「二つの労働の対立」論は、すでにみてきた、中岡流の「技術の絶対矛盾」論（「享受」と「疎外」の対立）の人格的具体化であるが、さらに工場内の社会的編成（＝組織的関係）と階級関係との混同が背景にある。もちろん、現代資本主義における工場の組織的関係も、階級関係によって規定され、ゆがめられた形態をとるが、その場合、組織関係と階級関係との科学的区別によって両者の関連を具体的に分析すべきだろう。このような「混同」は、資本を、人と人との経済関係としてではなく、もっぱら人格的な支配関係とみるブルジョア的個人主義にもとづく誤りである。

中岡氏は、知識労働者をまだ新しい労働者階級とみていないが、（『幻想』六六ページ）知識労働者と単純労働者との関係は、本質的には労働者としての組織的関係であり、その「対立現象」は、経済学的には「単に諸資本の競争の別の形態」（Gr. 六〇〇ページ）としての労働者間の新たな競争といえないだろうか。なるほど現代の知識労働者は、かれが指摘するように多くの「幻想」にとりまかれている。しかし、大切なことは、労働者階級の新しい構成部分として、社会科学的に自己を位置づけなおし、直接労働者との積極的な団結をうちたてていくことではないか。いずれにしても、現代の知識労働者が、独占資本との闘争をさけて管理労働者あるいは技術者としての自己の地位を、自己保身的にのみ守ろうとしたり、「インテリ・コンプレックス」から自己虐待的に「反逆」したりして、小市民的知識人の立場にとどまることは、現代資本主義を変革する正しい位置づけとはならない。

## 2 個人の全面的発達

以上の検討をふまえて、社会主義における「個人の全面的発達」を展望してみよう。中岡氏は、社会主義でも「生産力の発展と分業の止揚の予定調和についての信仰だけは、はっきりと捨てなければならない」(『過程』二一九ページ)と社会主義のイメージ・ダウンをはかっている。しかしわれわれはマルクスの機械制大工業の分析をおもいだそう。それは以下のようであった。

資本主義的大工業は、資本主義的マニュとはことなり、すでに固定的分業の技術的基礎が基本的に止揚されているか、あるいは、されつつあるにもかかわらず、かえってゆがめられた分業が再生産されるからこそ、まさに「疎外と自由の鋭い矛盾」(島田氏、前掲論文)としてあらわれるのである。このことは、裏がえせば、資本主義的諸関係を変革すれば、全面的に発達した個人の実現への道を切りひらかれることを意味する。

このような見とおしのもとに、社会主義下で、個人の全面的発達はどのように実現されるのであろうか。われわれは、社会主義でのそれは、大工業のたえざる発展とその科学的管理を基礎としてのみ実現されることに注意したい。なぜならば、共産主義の第一段階である社会主義社会では、機械装置への労働者の階級的意味での従属はなくなるが、大工業のふじゅうぶんな段階によって技術的意味での「従属」は、ただちになくなるものではないからである(この後の「従属」は、技術進歩そのものによる「疎外」ではない。なぜならば、その「従属」の原因が技術的である以上、技術進歩のみによって解決されるからである)。

したがって、大工業の発展段階によって全面的発達の実現条件がことなることはいうまでもない。たとえば、プロレタリア政権下において、マルクスは、「少しも疑う余地のないことは、労働者階級による不可避的な政権獲得は、理論的及び実際的な技術教育のためにも労働者学校の中にその席をとってやることである。」(K.I 六三五ページ) とのべている。この部分は、従来さまざまに解釈されてきたが、それは必ずしも、経済的な意味で完全な社会主義でない将来の社会においてもプロレタリア政権の課題として技術教育政策を提示しているといえないだろうか。このことは、真の共産主義社会にいたるまでは、基本的に生産手段が社会的所有になっても、なおまだ、より高度な生産力の発展が必要であり、その過程で、肉体労働と精神労働の一定の分業などが不可避であること、あるいは、一定の大工業段階に対応して生産的労働における新たな熟練労働の解体・再編が、なお一定期間くりかえされ、したがって、労働者自身による技術的再教育が必要化されることを暗示しているのである。このように考えるならば、社会主義政権は、大工業の発展段階にみあった労働政策と教育政策を有機的に結びつけた科学的計画を持って、「個人の全面的発達」を目的意識的に実現していかねばならないことになる。

もちろん個人の全面的発達の問題は、労働力と教育の関連のみならず、科学、芸術、スポーツ、その他の社会活動における労働者の能力の文字どおりの全面的発達につながってくる。「個人の全面的発達」は、いわば形成理念である。ここで最も重要なモメントは、いわゆる「自由時間」である。「勤勉」な中岡氏は、悪しき「生産点主義」から、「自由時間」が気に入らないが、この自由時間の拡大こそ、社会主義のもとでの労働者が将来的には、全面的発達、直接的労働からの解放の条件となるものである。この意味で、労働時間短縮は、現代資本主義から社会主義への移行をみとおす。しかし、ここで注意したいのは、社会主義以降の社会では、労働時間と自由時間の関係は、弁証法的なつながりをもってくることである。

「労働時間の節約は、自由時間のつまり個人の完全な発展のための時間の増大に等しく、またこの時間は、それ自身再び最大の生産力として、労働の生産力に反作用を及ぼす」(Gr. 六六一ページ)。もはや、ここには、資本主義社会に典型的にあらわれる労働時間と自由時間との悪しき対立はない。あるのは、その対立の止揚である。マルクス、エンゲルスは、かれらの生きていた資本主義の生産力段階が、今日にくらべてきわめて低かったにもかかわらず、大工業の本質から、いままでみてきたように資本主義的大工業の矛盾のなかに、個人の全面的発達の可能性をよみとることができた。しかし今日の反技術主義者は、はるかに高い生産力段階に生活しているが、「木をみて森をみない」小ブルジョア的偏狭さから、むしろ全面的発達の否定をみる。

## むすび

中岡哲郎氏は、現代を理解する鍵として、「生産の構造」→「工場」の解明を積極的に問題提起した。しかし、かれの解法は、はたして、それとなく自画自讃されているように、マルクスをのりこえた「工場の哲学」といえるものであっただろうか。われわれは、もはや、ここで結論してもよいだろう。それは――「技術者」としての私的体験の感傷的な修辞をちりばめ、そして小市民的観念論の論理にもとづき、俗流経済学を媒介にしたところの反技術主義の哲学である、と。

この反技術主義は、資本主義的大工業の発展過程における諸矛盾の激化のたびごとに、不可避的に登場した、シスモンディ、プルードン、ナロードニキ等々の小市民的な反技術主義の現代版にほかならない。これらの反技術主義は、「ヒューマニズム」からの抗議として「現代を評価したり、非難することを知っていても、それを理解することは知らない、ある種の批判の強みと弱み」（K.I 六五七ページ）をもっていた。無視できないのは、かれらが、資本主義的大工業の革命的役わりを理解することができなかったこと、いな問題意識にものぼらなかったことである。この「革命的役わり」とは、単に生産力の高度の発展という意味ではない。それは、若きレーニンが、あのナロードニキ批判で明言した資本主義的大工業の進歩的意義――旧社会の狭い生活条件の破壊と資本主義的矛盾の激化＝革命条件の成熟――のことである。小市民は、それを直視することを恐れ、旧社会の秩序のなかに、しばしば理想像を求める。しかし、レーニンがみごとに定式化したように、「資本主義の発展を〝阻止〟することによってでなく、それを早めることによって、後方からでなく前方から、反動的にではなく進歩的に、この資本主義とたたかうことができる」（全集①三七三ページ）のである。

従来の反技術主義とくらべて、中岡氏の哲学は、現在さらにいっそう危険である。というのは今日のかれは、自己の主張の力点を、現代の独占資本主義への抗議にではなく、むしろ現在の労働運動への攻撃などにおいているからである。「日本の左翼の神聖の域まで高められた労働者主義と、〝生産点〟主義、そしてそれとまったく対照的な生産点の現状に対する無知と生産の構造の解明に対する無関心。その不思議な対照に対する批判と、その批判から出発して、生産の構造を明らかにしたい」(『哲学』八ページ)。これがかれのほんらいの企画であった。

中岡氏の「工場の哲学」が危険なのは、たんに理論的に誤っているからではなく、労働運動への攻撃あるいはマルクス主義への敵対という実践的企画と結びついているからである。現代の大工業と「工場」について、われわれ自身の具体的分析は今後にまたねばならない。しかしつぎのレーニンの指摘は、われわれが、今後の研究をすすめていくうえで、また中岡氏の「工場」思想の本質(とくに技術論と組織論の小市民的連関)を浮き彫りにするうえで多くの示唆に富むものといえよう。

「ある人にはお化けとしかみえない工場こそ、まさにプロレタリアートを結合し、訓練し、彼らに組織をおしえ彼らをその他すべての勤労・被搾取人層の先頭に立たせた資本主義的協業の最高の形態である。資本主義によって訓練されたプロレタリアートのイデオロギーとしてのマルクス主義こそは、活動的インテリゲンツィアに、工場がそなえている搾取者としての側面(餓死の恐怖にもとづく規律)と、その組織者としての側面(技術的に高度に発展した生産の諸条件によって結合された共同労働にもとづく規律)との相違をおしえたし、またいまもおしえている。ブルジョア・インテリゲンツィアがなかなか服しない規律と組織を、プロレタリアートは、ほかならぬ工場という〝学校〟のおかげで、とくにやすやすとわがものにしてしまう。この学校を死ぬほどおそれ、その組織者としての意義をまったく理解しないのは、ほかならぬ小ブルジョア的生活条件を反映する思考方法の特徴であって、この思考方法は……無政府主義の一種を生みだしているのである。……中央部の指導のもとでの分業は、彼ら人間を〝歯車とネジ〟に変えることに、反対しての悲喜劇的な悲鳴を立てさせる」（『一歩前進二歩後退』全集⑦四二〇ページ）。

大工業（と工場）にたいする態度は、変革の立場にたつ人びとの、まさに一つの試金石である。われわれは、中岡氏らにみられる誤ったイデオロギーと闘うなかで、労働者階級の新しい大工業観をうちたて、「古い垢をわが身から拭い去って、社会を新しくつくりかえる力量」（『イデオロギー』一三〇ページ）を身につけようではないか。

〈追記〉

この論文は、わたしたち〝サラリーマン社会科学研究会〟の会誌『研究ノート』の第一号（七二年六月）に掲載した論文の一つで、さらに会員たちの協力によって、若干わたしが手をくわえたものです。ささやかな、わたしたちの研究会の成果の一部が『経済』誌にとりあげられ、ここに全国の皆さんに読んでいただける機会をえたことを、このうえなく喜んでいます。なお、サラリーマン社研は、昨年一月に発足したばかりで、東京に在住する若いサラリーマンらが、働きながら社会科学を勉強してゆこうと志す、民主的な研究グループです。今後、みなさまの御指導、御援助を、よろしくお願いいたします。さらに、わたしたちの研究成果を世に問いたいと張切っております。

注

（1）中岡哲郎氏の最近の著作は以下のようである。『人間と労働の未来』七〇年一〇月（以下『未来』と略す）。『技術の論理・人間の立場』七一年二月（以下『立場』と略す）。『工場の哲学』七一年九月（以下『哲学』と略す）。なお論文として、つぎのものを参照。「技術と生産過程」梅本克己編『講座マルクス主義』第二巻六九年一〇月（以下「過程」と略す）。「労働と人間」佐々木基一・野間宏編『講座マルクス主義』第四巻七〇年一二月（以下「人間」と略す）。「技術革新が生んだもの」『朝日』七一年九月五日、「教育機器のもたらすもの」『朝日』七一年二月一六日。「知的労働者は幻想にとりまかれている」季刊『機械と人間』七二年春第一号（以下「幻想」と略す）。

（2）中岡氏にたいする批判論文として、以下のものがある。本論文はこれらの成果に負うところが大きいが、紙面の都合で参照の注は、省略させていただいた。

中村静治「人間にとって技術とは何か」（『金属』臨時増刊七一年六月一〇日）。「技術と人間（『科学と思想』七一年七月第一号）。

石原義郎「労働についての新しい観念論」（『赤旗』七一年三月二日）。「魂をぬいた科学技術論」（『赤旗』七一年一二月七日）。

島田豊「現代人の疎外と自由」（『現代と思想』七一年一二月第六号）。

鶴尾功「中岡哲郎氏の科学技術論とその政治的立場」(『学生新聞』七二年二月九日)。

木元忠昭「労働と技術の諸問題」(『日本の科学者』七一年六月)。

笹川儀三郎「技術・労働・分業と社会体制」(『経済』七二年五月号九七号)。

木元進一郎「観念的世界の労務管理論」(『経済』七二年一二月号一〇三号)。

(3) 以下、ことわりがないかぎり、引用ページは『立場』からのもの。

(4) 『立場』所収論文「倫理の優越と論理の不毛」(『現代における思想と行動』一九六〇年)参照。しかし「組織が出来あがった瞬間から風化と停滞ははじまっている」(四五ページ)などという今日の無政府主義的な主張は、当時はまだ萌芽的でしかなかったように思われる。

(5) 本論文では、マルクスからの引用は、以下のように省略する。『資本論』第一巻(全集版)→K.I。『経済学批判要綱』(大月書店版)→Gr.。『哲学の貧困』(国民文庫版)→『貧困』、『ドイツ・イデオロギー』(国民文庫版)→『イデオロギー』、『経済学・哲学手稿』(国民文庫版)→『手稿』。引用ページは、すべて邦訳によった。

(6) ここで労働量＝価格を仮定すると、「機械の価格」＝C′、「代わられる労働力の価格」＝V′、「代わられる労働の総量」＝V′＋M′である。したがって、狭義のコスト＝(V′－C′)、広義のコスト＝(V′＋M′－C′)であり、両者の差はM′だけ後者が大きい。

(7) というのは、かれは戦後労働組合運動における「合理化」反対闘争に不満であるからである。その資本主義的合理化に反対するという考え方は、「合理化はなぜ悪い」という庶民の合理化信仰に答えられない「欺瞞的なひびき」(『未来』七ページ)をもっているというのだ。ところが「この問いに答えてみよう」(同上)というかなり実践的な企図をもって書かれたはずの『人間と労働の未来』の処方箋は、けっきょく、もう聞きあきたあの主張、すなわち技術進歩＝合理化はすべて、労働をまずしくする、それにたいしては、非組織的な「少数の個人の勇気と決断」（二一〇ページ）をもってたたかえとかいうアナーキーな「回答」しか、基本的にはでてこないのである。

# 《補遺》経済学批判——マルクス

## はじめに

社会思想史上、世界の人びとに対して最大のイデオロギー的影響を、しかもきわめて短期間に与えたのは、おそらくカール・マルクス以外にはいないだろう。釈迦、キリスト、マホメットといった三大聖人の宗教上の二〇〇〇年に及ぶ歴史的影響力でさえも、それを合計して現在の人類の二〇億弱にしか与えていないのに比べると、死後一〇〇年余りでマルクス主義による「社会主義革命」を経験した国々の人口だけでさきの三大聖人の影響に優に匹敵するからである。もっとも孔子の儒教を加えると宗教の影響は中国一二億人をこえ、マルクスの影響は減るが、その分、毛沢東への間接的影響が増えるのである。もちろん、私は宗教と社会思想の影響上の相違を無視しているわけではなく、またかつての社会主義諸国の状況にもきわめて批判的である。しかもソ連型「社会主義」は本家のソ連のみならず東欧の大半も崩壊してしまったのである。いずれにしても、過去のいかなる偉大な経済思想家と比べてもマルクスほど特異なカリスマ的存在はなかったことは確かだといえる。

しかし、皮肉なことにマルクス自身は各種のイデオロギー批判は大好きだったが、イデオロギーのほうは元来、余り好きではなかったようにみえる。ちなみに、マルクスの経済思想のバックボーンとなっている歴史哲学（いわゆる唯物史観）がいち早く確立されたのは、親友エンゲルスとの共著である『ドイツ・イデオロギー』[1]であるといわれている。そこでは当時の進歩的ドイツ哲学者たちの様々なイデオロギーが徹底的に批判されている。（もっとも近年まで『ドイツ・イデオロギー』は出版されず、書庫のねずみの歯の批判にさらされたままであったが。）また晩年になって二人の社会主義思想を以前のオーウェンやサン・シモン、フーリエなどのユートピア的社会主義とあえて区別して、「科学的」（いいかえれば非イデオロギー的）社会主義と呼んでおり、自分たちの思想をイデオロギーと呼んだことは一回もなかったのである。他方、マルクスの持ち前の批判ぐせは年とともに強まり、彼の主著『資本論』[2]の全巻であまねく発揮されている。参考までに『資本論』のサブタイトルは「経済学批判」であり、様ざまな経済思想の批判だけでなく、経済学的カテゴリーの批判的検討がなされている。そこでというわけでもないが、今回は膨大なマルクスの著作物から『資本論』を取り上げて、その経済思想と福祉システム観について概観してみることにしたい。

## 1　資本主義的貧困

いうまでもなく、あらゆる時代の福祉システムの出発点は当時の貧困問題への社会的対応である。それは時代によって形態的にも内容的にも異なるとはいえ。

資本制社会における貧困の特色は「富国とは人民が概して貧しい国」（オルテス）とか「豊かさのなかの貧困」（ガルブレイス）とかいわれるように、急速な経済的・物質的な発展のなかで労働者階級の貧困がかえって増大する場合があるということである。マルクスはこうした資本主義的貧困について、歴代の社会主義者のなかでは、次のようにはじめてラジカルな社会科学的分析を加えた。少し長いがマルクスらしい難解な文章を紹介する上でも引用しておこう。

「剰余価値を生産するための方法はすべて同時に蓄積の方法なのであって、蓄積の拡大はすべてまた逆にかの諸方法の発展のための手段になるのである。だから、資本が蓄積されるにつれて、労働者の状態は、彼の受ける支払がどうであろうと、高かろうと安かろうと、悪化せざるをえないということになるのである。最後に、総体的過剰人口または産業予備軍をいつでも蓄積の規模およびエネルギーと均衡を保たせておくという法則は、ヘファイストスのくさびがプロメテウスを岩に釘づけにしたよりももっと固く労働者を資本に釘づけにする。それは、資本の蓄積に対応

**図1-1　マルクスの相対的過剰人口モデル**

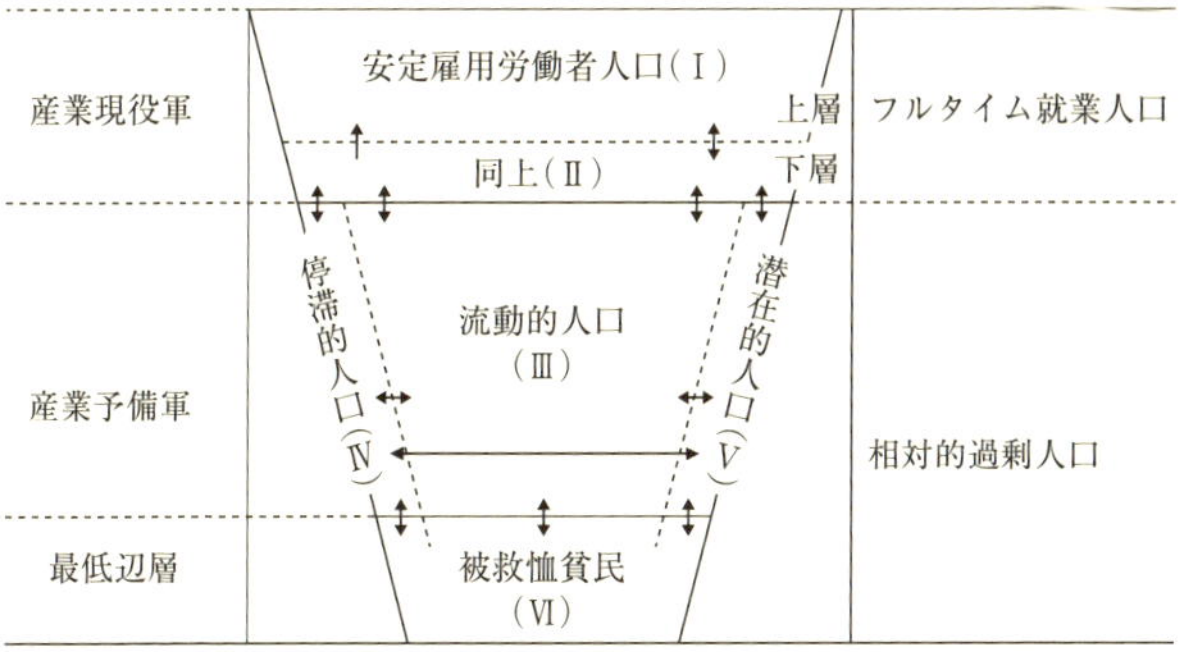


注1：マルクスは『資本論』第7編23章より私見に基づき筆者作成。
注2：矢印は人口の階層間移動を示す。
（出典）『長寿社会の戦略』（第一法規出版）18頁。

する貧困の蓄積を必然的にする。だから、一方の極での富の蓄積は、同時に反対の極での、すなわち自分の生産物を資本として生産する階級での、貧困、労働者、奴隷状態、無知、粗暴、道徳的墜落の蓄積なのである[3]」。

これが、あの有名なマルクス的窮乏化法則の全文なのである。

右の指摘ではマルクスは現に働いている労働者の家計の一般的な苦しさとはあえて区別して、資本主義の発展にとって余分な労働力人口をマルサスのように自然法則的（あるいは絶対的）には絶対的過剰ではないとみて、相対的過剰人口と呼んで、資本主義的貧困の必然性を説いている。

ところで、この過剰人口には、（一）流動的（景気循環による失業者）、（二）潜在的（農村労働者のダブツキ人員等）、（三）停滞的（いわゆる不安定就労層）という三つの形態があるとされており、さらに過剰人口の最底辺に、（四）恤《じゅつ》救貧民（現在では被保護世帯の意）がいるとしている。この関係は文章では大変わかりにくいので図示しておこう。（図1―1参照）。

この受給貧民は浮浪者・犯罪者・売春婦などの本来のルンペンプロレタリアートを別にすれば、（1）労働能力のあるもの、（2）孤児や貧児、（3）労働能力のないものの三種類があり、とりわけ（3）では、「分業のために転業ができなくなって没落する人々」「労働者としての適性な年齢を越えた人々」「危険な機械や鉱山採掘や化学工場などとともにその数を増す産業犠牲者[4]」（不具者・罹病者・寡婦など）をあげている。これらは確かにどれをとっても資本主義経済に特有ないし顕著な貧困者のタイプであり、今日では社会保障の対象となる人々である。

いずれにしても、マルクスはこうした恤《じゅつ》救貧民が競争の結果として現役労働者の生活水準を引き下げ、その足をひっぱる役割をもち「富の資本主義的な生産および発展の一つの存在条件[5]」となっていると確信しているのである。

ちなみに当時の公的福祉システムとしての救貧法については次のように批判的に述べている。

「この貧民は資本主義的生産の空費に属するが、しかし資本はこの空費の大部分を自分の肩から労働者階級や下層階級の肩に転嫁することを心得ているのである[6]」。

ただ念のために誤解をといておきたいことは、右の指摘は戦後のマルクス主義学者によって、社会政策や福祉国家を批判するための理論的武器として、しばしば使われ、国家と資本家のみによる社会保障の費用負担を正当化しようとしたものである。しかし、あえて指摘しておくと、マルクスはいかなる種類の貧困もすべて資本主義の発展によっておこるのだから、すべて資本家の責任で救貧施策を行えとはいっていないことである。むしろ当時における救貧法施行の不十分な現状について客観的に述べていたにすぎないように思われる。もちろん、マルクスは十九世紀中葉のイギリス資本主義における貧困問題のイメージに強くとらわれていた。たとえば当時のロンドンにおいて地域的空間的にも金持ちと貧困層が東西に両極分化し、金持ちが西側に住み貧困者が東側に住んでいるといった余りに階級対立が先鋭な状況を頭に浮かべて、自己の主張に関する自信過剰の議論をしていた節がある。が、現実の歩みは二十世紀における民主主義および社会政策の進展により資本主義的弊害が少しずつだが、次第に克服されてゆき、戦後における福祉国家の確立によって貧困は国内的には大幅に緩和されたのである。現代ではマルクスの指摘した資本主義的蓄積の一般規則（いわゆる窮乏化法則）は南北問題のように富める先進国と貧しい発展途上国の国際的両極分化になってあらわれているとみることもできないこともない。が、それはともかくマルクスといえども二十世紀の福祉国家はとても予想できなかった。そこには十九世紀の時代的制約のみならず、マルクス自身のあまりにも経済主義的かつ理想主義的な革命思想が災いしていたかもしれない。いいかえれば、革命家マルクスにとっては民主主義の発展や社会政策の過小評価が顕著であり、それが革命の勃発を恐慌に期待する「恐慌待望論」などのマルクスの「若気のいたり」が持続した最大の欠陥であったといえる。もちろん、その点では、その後に続くマルクスのいわゆる正統派的後継者たちはマルクス以上に重症であったが。

## 2　福祉システム観——救貧法批判と工場法擁護をめぐって

周知のとおり、若きマルクスはヘーゲル哲学者であって経済学には非常に疎かった。民主的なライン新聞主幹として、入会地の森林伐採事件などの経済問題にぶつかり、スミス、リカード等の古典経済学を学びはじめたマルクスは「社会の存在が意識を規定し、経済構造が全体社会の土台である」という唯物史観に到達した。そこでマルクスは、主要な研究課題を資本主義経済の理論的解明におき、哲学者から経済学者へ転身することとなったのである。そうした初期の過程では早熟な天才であるエンゲルスによる貧困問題に関する実証的な専門書『イギリスにおける労働者階級の状態』(7)（一八四五年）等の影響は絶大なものであったと想像される。抽象理論好みのマルクスの頭脳には、右書も含めて貧困問題に関する細々とした統計数字や深刻な事例はなじみにくかったに相違ないが、子ども連れの乞食に会うとつい金を恵んでやってしまったというエピソードをもつ彼のヒューマニズム的精神はそこを乗り越えたようにみえる。したがって彼のライフワークの『資本論』にはきわめて抽象的な議論とともにイギリスの労働者の生活に関する最新の詳細なデータに基づく実証的な政策論議もふんだんに盛り込まれているわけである。ここでは彼の福祉システム観を探る意味で救貧法批判と工場法擁護をめぐる見解をごく簡潔に取り上げてみたい。

まずマルクスは、資本主義の発生について述べた『資本論』第一巻の第二四章「いわゆる本源的蓄積」の箇所で絶対王制時代の「血の立法」たる救貧法の集大成であるエリザベス救貧法(8)にふれ、宗教改革の衝撃で貧困農民に保証されていた教会の十分の一税の占有権が没収されて、エリザベス女王をして「いたるところに貧民がいる」と叫ばせた状況が一六〇一年の救貧法を制定させたとしている。マルクスにいわせれば、「公共の施し物で露命をつないでいる」恤救《じゅっきゅう》貧民の存在は当時いやがおうでも公的に認めざるをえなかったという。

さらに十八世紀後半には「恐怖の家」と呼ばれた救貧院が生まれたが、マルクスは第三編、第八章「労働日」のところで貧困者を閉じ込めて、たとえば十三歳から十八歳までの少年をも一日十二時間も働かせる悲惨な状況を批難している。そして、産業革命が進展し、十九世紀に機械制大工業が発展すると、「工場」で労働者が酷使される新たな厳しい状況が生じたとして、次のように皮肉たっぷりに述べている。


「資本の塊が一七七〇年にはまだ夢に描いていた受救《(ママ)》［恤救］貧民のための〝恐怖の家〟が、数年後にはマニュファクチュア労働者自身のための巨大な〝救貧院〟としてそびえ立った。それは工場と呼ばれた。そして、このたびは理想は現実の前に色あせたのである」(9)。

営利主義に侵犯された当時の工場に対する国の規制は一八三三年の工場法の成立から始まる。それが後の社会政策に発展していくのである。

それはさておき、マルクスは一八三四年の救貧法改正によってもなお恤救貧民が増大し、周期的恐慌によって増幅されることを貧民名簿によって実証し、しかも救貧院を嫌って飢え死にする者も少なくないと指摘している。

「最近一〇年間のロンドンでの飢え死にの恐ろしい増加は、救貧院の、この貧民刑務所の、奴隷状態にたいする労働者の嫌悪がますますひどくなっていることも無条件に証明している(10)」。

ちなみにその後の頁で一八六三年の流刑及び懲役刑に処せられた犯罪人の絶食状態等に関する公式の検査結果が引用されているが、ラウントリー(11)のヨーク市の貧困調査の方法と比較して興味深いところである。おそらく、ラウントリーは『資本論』第一巻を熟読していたと推察される。マルクスは言う「イングランドの監獄での罪人の常食と、同じ国の救貧院の受救貧民や自由な農村労働者の常食とも、念入りにしてみれば、前者が他の二つの部類のどちらよりもずっと、より栄養を与えられているということは争う余地がない(12)」と。

さて、他方でマルクスは、工場法の成立が資本主義的経営による児童や婦人の過重労働を禁止し、労働環境や公衆衛生等の遵守を強制する意義を『資本論』第四編、第一三章「機械と大工業」できわめて高名なドクター・ハンターの『公衆衛生』に関する報告書からの引用はかなりの量に及んでいる。なおサー・ジョン・ハンター（一八一六〜一九〇四年）はイギリスの医師で枢密院医務監督官であるが、彼の評価について「いたるところでブルジョアの利害が彼の義務遂行の第一の障害になっていることを発見し、それと戦わざるをえなかった……人物。したがって、彼のブルジョアに対する本能的憎悪は激しく、納得できるものである」[13]（エンゲルス）と評価されている。この意外にリアルな視点によるところが、わが国はもちろん、欧米諸国の社会政策の学者に、また戦後において労働政策の研究者にマルクスが多大な影響を与えた原因のひとつかもしれない。

マルクス工場法適用の分析に典型的にみうけられるように経済関係から相対的に独立した国家権力の独自の役割（いわば強制的福祉システムとしての役割）をまったく見落としていたわけではない。だからこそ、マルクスは『ゴーダ綱領批判』[14]でプロレタリア革命によって、社会主義国家へ移動した以降も公的な福祉システムの必要性とその財源対策についても問題提起しているのであろう。ある意味では、マルクスやエンゲルス以上に過激だったラサール[15]の思想すなわちすべての労働者は労働の全収益を公正に分配するという見解に対して、次のような批判をしている。

社会主義においても、収益はすべて分配してはならず、生産を拡大したり、消耗補填の部分等とは別個に「災難や天災などにそなえての予備元本または保険元本」を剰余として残しておく必要性を主張し、さらに個人経費のうち、「学校や保護施設などのように、いろいろな欲望を共同でみたすのにあてられるもの」や「労働不能者などのための元本。つまり、今日の公共の貧民恤救者にあたるものの元本」を残しておくべきだと明確に述べているのである[15]。

これはまさに社会保障の必要性である。このマルクスの考えは社会主義には社会問題が発生しないから社会保障は必要ないとする後の教条主義的マルクス経済学の誤まりとは無縁な思想である。

もちろん、マルクスにおいては「労働力」には、障害者や高齢者の働く能力は、入っているとは考えられてはおらず、「労働不能」と安易に片づけられているキライがあることは否めない。科学技術と国民意識の遅れがあった十九世紀の時代的制約として、いたしかたないことであろう。

## 3　むすびにかえて――福祉政策等に対するマルクスの方法論的示唆

いうまでもなくマルクスは偉大な経済学者であると同時に、革命家である。そこからものすごい予言者的発言が生まれる。

「大資本家の数が絶えず減ってゆくのにつれて、貧困、抑圧、隷属、堕落、搾取はますます増大してゆくが、しかしまた、絶えず膨張しながら資本主義的生産過程はそのものの機構によって結合され組織される労働者階級の反抗もまた増大してゆく。資本独占は、それとともに変化し、それのもとで開花したこの生産様式の桎梏《しっこく》となる。生活手段の集中も労働の社会化も、それがその資本主義的な外皮とは調和できなくなる一点に到達する。そこで外皮は爆破される。資本主義的私有の最期を告げる鐘が鳴り、収奪者が収奪される」[16]。

しかし、こうしたマルクスの予言はいわゆる後進国革命となって第一次および第二次大戦を契機にごく一部分実現されたが、先進国では「爆破」もおこらず、「鐘」も鳴らなかった。むしろ修正資本主義の道を歩み、それは現代の福祉国家として現在に至っている。

もちろん、理論的な視点に限ればマルクスから福祉システム論に必要な示唆を得ることはできないわけではない。とくに福祉ニーズは福祉需要より大きく、しばしば潜在的であるとの指摘は社会福祉学の構築にとってきわめて重要なのである。その数少ない例としてニードと需要の区別で、やや専門的ではあるが、私が参考となった次の命題をあげておく。

「需要の側にある大きさの一定の社会的欲望があって、それを満たすためにある物品の一定量が市場にあるということが必要である。しかし、この欲望の量的な規定はまったく弾力性のある変動しやすいものである。この欲望の固定性は外観である。もし生活手段が安くなるか、貨幣賃金がより高くなるかすれば、労働者たちはより多くの生活手段を買うであろう。そして、これらの商品種類に対するより大きい〝社会的欲望〟[社会的欲求](social needs)が現れるであろう。といっても、その〝需要〟(demands)がまだその肉体的欲望(physical wants)の最低限界よりも、下にある受救《ママ》貧民などのことはまったく別としてのことである」[17]。(傍点 - 引用者)

にもかかわらずわれわれがマルクスの個々の命題ではなく、その社会哲学とそれに基づく経済思想から学べる観点は少なくない。

第一に、世界をいろいろと解釈するのではなく変革することが肝心であること。

第二に、現実の運動の一歩一歩は一ダースの綱領よりも重要なこと。

第三に、問題は解決の手段とともにあらわれること。

第四に、一国は他国から学ばなければならないし、学ぶことができること。

さしあたり、紙幅の関係で箇条書になったが、少なくとも以上の視点はマルクス主義の信奉者でなくとも、むしろ否そうでないからこそ、学際的視野から、わが国の社会福祉を政策科学的に検討する際にも参考すべきではなかろうか。

（初出「〈ゼミナール〉経済思想と福祉システム⑤――マルクス」『月刊福祉』一九八七年一一月号）

## 注

（1）マルクス&エンゲルス『ドイツ・イデオロギー』（一八四五～四六年、大月書店版全集、第三巻所収、古在由重訳、岩波文庫）。
（2）マルクス『資本論』第一巻～第三巻（一八六七年、一八八五年、一八九四年、大月書店版全集、第二三巻

〜第二五巻)。

(3) 前掲『資本論』第一巻、邦訳八四〇頁。

(4) 前掲『資本論』第一巻、邦訳八三八頁参照。

(5) 同右、八三九頁。

(6) 前掲『資本論』第一巻、邦訳八三九頁。

(7) エンゲルス『イギリスにおける労働省階級の状態』(一八四五年、大月書店版全集、第二巻)。

(8) 前掲『資本論』第一巻、邦訳四九四頁。

(9) 前掲『資本論』第一巻、邦訳三六四頁。

(10) 前掲『資本論』第一巻、邦訳八五三頁。

(11) ラウトリー(一八七一〜一九五四)イギリスの社会調査家で、最低生活費と貧困の研究で貢献。主著は『貧困研究』(長沢弘毅訳、干城書房、一九七五年)。

(12) 前掲『資本論』第一巻、邦訳八八六頁。

(13) 前掲『資本論』第一巻、邦訳八八六頁のエンゲルスの注。

(14) マルクス『ゴーダ綱領批判』(一八九〇〜九一年、大月書店版全集、第一九巻)

(15) 前掲『資本論』第一巻、邦訳九九四〜九九五頁。

(16) 前掲『資本論』第一巻、邦訳九九四〜九九五頁。

(17) 前掲『資本論』第三巻、邦訳二三七頁。カッコ内—英語版。

## 《解題》

本論文は1972年に私が呼びかけ人となって発足したサラリーマン社会科学研究（通称サラ研）の定例研究会で私が当時のマスコミの一大寵児だった中岡哲郎氏の技術論的見解を批判的に報告した内容を基にしている。それは更にサラ研の議論をふまえて詳細に検討し、マルクスの疎外論や大工業論を文献学的に検証した上での、体系的な論文としてペンネーム北沢啓明の名で雑誌『経済』（一九七三年一月号）に投稿した。当時の『経済』は、民主的革新的な編集素材として「若い研究者の発言」を求めており、私たちもそれに応じた次第である。

本論文は、（1）反技術主義の思想形成過程（2）小市民的観念論の哲学（3）俗流経済学の論理（4）労働の未来への悲観的な展望（5）むすびといった構成で、一部、初期マルクスの疎外論をふまえながらも後期マルクスの古典的解釈をベースに中岡氏の技術論を批判している。その結論としては、「〃技術者〃としての私的体験の感傷的な修辞をちりばめ、そして小市民的観念論の論理にもとづき、俗流経済学を媒介としたところの反技術主義の哲学である」（『経済』一九七三年、一月号、197頁）と総括している。

本論文は当該分野の専門家である中村静治氏等から高い評価を受けたが、批判の対象となった中岡哲郎氏からもそれなりの評価を得たものと、うがっている。

私どもの反論が成功したか、どうかは分からないが、中岡流のペシミステックな反技術主義的な哲学はその後、マスコミ等にもほとんど全く登場しなくなったことは確かである。しかし、二一世紀の今日、いつの日か、同類の反技術主義論が登場する可能性はないとはいえない。

なお補遺としてやや後の私の論文、マルクス論を掲載させていただいた。

このマルクス論は本文の前提となっていたものを要約的に述べたものと位置づけることができるからである。

# 第2章

# 先進国革命と国家独占資本主義論

## ――レーニンの〝国家独占資本主義〟概念をめぐる一断章

# 1

こんにちのマルクス主義＝科学的社会主義にとって、その最大の課題とはなにか、それ自体がかなりの難問であろう。とはいえ、そのひとつが、科学的社会主義の創始者であるマルクスやエンゲルスによる社会主義革命の予想とその後の資本主義発展の現実との間隙を埋める理論作業にあることは否定できないようにおもわれる。たとえば現代資本主義は、一方では、その経済的物質的側面からみれば、彼らの時代とは比べものにならない巨大な生産諸力と生産の社会化の発展段階に達しており、その意味では、社会主義の客観的条件については十分すぎるほど社会主義に近づいている。が、他方では、国家権力の移行という政治的主体的側面からみると、わが国や西欧の社会主義政党における近年の政治的プログラム――一定の民主主義的革命を〝迂回〟して社会主義へ移行するという路線[1]――にうかがわれるように、ある意味では、社会主義が遠のいているようでもある。先進資本主義諸国における生産諸力の発展水準と政治変革のプロセスとのかかる〝不照応性〟を、二〇世紀以降の資本主義の現実的発展に即して理論的に解明することこそ科学的社会主義のこんにち的課題の焦点をなすといっても過言ではない。このような課題は当然ながら、いわゆる先進国革命をめぐる理論的諸問題の核心をなし、さらに現代帝国主義論の再構築という壮大な展望につながるものであるが[2]、とりわけ先進資本主義諸国における政治的・経済的構造の変貌をふまえた国家独占資本主義論の創造的展開が、その有力な手がかりをあたえるとおもわれる。

こんにち、国家独占資本主義研究は、新たな高揚をみせている。[3] 周知のように、戦後の国家独占資本主義研究については国際的・国内的な論争が激しく展開され、まさに〝百家争鳴〟といった感を否めないのであるが、その論争史をふりかえると、議論の集中する時期が資本主義のいわゆる全般的危機の深まりとそれなりに対応しており、国家独占資本主義論そのものが、先進資本主義諸国の政治変革と不可分の関係にあることをうかがい知ることができる。[4] とすれば、現代資本主義の構造的危機が深まり民主的政治変革がそれなりに日程にのぼりはじめている現在、国家独占資本主義をめぐる新たな議論の高揚がみられるのも、きわめて自然であろう。しかし、問題は議論のたんなる活発化ではなくて、先進国革命論を射程においた国家独占資本主義研究の発展方向についてである。

わが国における国家独占資本主義研究は、井上晴丸、宇佐美誠次郎両氏の先駆的業績[5]を出発点として、いわゆる構造改革論争[6]などを経由し、現在に至っている。ところで、ごく最近までの議論においては、国家独占資本主義の本質をめぐる論争を〝不毛〟ないしは〝解決ずみ〟のものとして、国家独占資本主義そのものの理論的研究はかえって後景にしりぞき、[7] 全体としては、現代の国家独占資本主義の具体的諸形態――管理通貨制、政府投資、国家セクター、官僚機構など――の個別的実証的研究にその重点がうつっているようにみえる。[8] そのため現在、井上、宇佐美両氏の先例のごとく――わが国における民主的社会変革の展望というきわめて現実的な問題意識から、レーニンの国家独占資本主義論を理論的に検討しなおして、日本の国家独占資本主義の生きた全体像をリアルに把える意欲的な共同研究をおしすすめることが、かえって困難になっているむきもうかがわれる。この点からみると、これまでの国家独占資本主義の個別的実証的領域におけるいわば遠心的研究とならんで、国家独占資本主義の本質をめぐる求心的研究が、ふたたび新しいこんにち的意義をもってくるのではなかろうか。そこからまた、レーニンの国家独占資本主義論をこんにちの問題意識から再検討する必要性もうかびあがってくるようにおもわれる。[9]

レーニンは帝国主義＝独占資本主義の理論的実証的研究をふまえて、〝国家独占資本主義〟概念を創造した最初の人といわれている。[10]もちろん一九二〇年前後におけるレーニンの国家独占資本主義論が科学的社会主義のこんにち的課題――とくに先進国革命との関連について――に必ずしも十分にこたえてはいないかもしれないし、また戦後における国家独占資本主義研究が、レーニンの見解をいくつかの点ではるかに深めたことも認めなければならないであろう。[11]が、ここであらためて強調しておきたいことは、国家独占資本主義に関してはレーニンの命題がわりあいと断片的で戦時色の強いことから、[12]それらをかなり恣意的あるいは狭義的に適用したり、さもなければそれらを不明瞭ないし限界があるとしてたんに遠ざけたりする両翼の偏向に陥ってはならないことである。[13]われわれはレーニンの見解の意義と限界を正確にみきわめつつ、国家独占資本主義概念についてレーニンがそもそもどのように考えていたのか、またその方法や視角がなんであったか、さらに史上はじめての、〝社会主義革命〟（ロシア革命）とその後の経験でレーニンがなにを学びとったかなどを知ることが大切であろう。[14]最近の国家独占資本主義研究は、たしかにレーニンの個々の命題をそれなりに研究の出発点にすえているものの、必ずしも右のような視点で十分な把握をしていないようにみえるからである。

そこで本稿は、レーニンの〝国家独占資本主義〟概念を再検討するなかで、まずその一般的・抽象的諸規定を抽出して、そこに特殊的・具体的規定をつみかさねるという本来の科学的接近方法を提示し、国家独占資本主義論を先進国革命とのかかわりで新たに展開するためのいくらかの問題提起を試みるものである。その際、紙幅の制約からこれまでの国家独占資本主義にかんする膨大な研究や論争の諸成果に残念ながら詳しくたちいることができずに、あくまでひとつの断章として述べていくことをあらかじめおことわりしておきたい。

## 2

〝国家独占資本主義〟概念を明確に規定するうえで、もっとも基礎的なことは、国家独占資本主義と独占資本主義との区別と関連をまず明らかにすることであろう。この点について、レーニンの見解をはじめにみることにしたい。

レーニンが、いわゆる国家独占資本主義という用語を公式に、またおそらく最初に使用したのは、第一次大戦中、それもロシア革命を前にした一九一七年四月の「ロシア社会民主労働党（ボルシェヴィキ）第七回全国協議会」においてであるとおもわれる。そこでは、次のように述べられている。

「独占資本主義は国家独占資本主義［государственно-монополистический капитализм］に移行しつつ

あり、情勢の圧力のもとに、生産と分配にたいする社会的統制が幾多の国で実施されており、その一部の国では、全般的な労働義務制に移りつつある」（㉔三一三）。この国家独占資本主義に関する規定は、レーニンがつづけて述べているように「世界資本主義経済の諸条件を特徴づける」（同上）ためになされたものである。そこから彼は「社会主義を跳躍としてではなく、現在の崩壊からの実践的活路」（同、三一六ページ）として位置づけ、ロシア革命の戦略目標を導きだしているのである。こうして、この規定は、その後くりかえし「帝国主義戦争は、独占資本主義の国家独占資本主義への転化過程を極度にはやめ、激化された」（㉕四一三）等々と述べられ、さらにそれは『さしせまる破局、それとどうたたかうか』（一九一七年九月）において、当面のきたるべきロシア革命との関連で次のようにより深められ具体化されたわけである。

「戦争は独占資本主義の国家独占資本主義への転化を異常にはやめ、それによって、人類を社会主義にむかって、異常にちかづけたが、これこそ歴史の弁証法である。帝国主義戦争は社会主義革命の前夜である。そしてこれは、戦争がその惨禍によってプロレタリアの蜂起を生み出すからだけではなく――もし社会主義が経済的に成熟していないならば、どのような蜂起も社会主義を生みだしはしないであろう――、国家独占資本主義が、社会主義のためのもっとも完全な物質的準備であり、社会主義の入口であり、それと社会主義と名づけられる一段のあいだにはどんな中間的階段もないような歴史の段階の一段であるからである」（㉕三八六）。

このあまりにも有名な規定[15]は十月革命前におけるレーニンによる国家独占資本主義概念のいわば定式化ともいえるもので、これからの議論の前提となるものである。が、それはともかく、ここでひとまず着眼しておきたいことは、彼が国家独占資本主義という用語を独占資本主義との対比あるいは区別で用いていることであり、しかもその「移行」あるいは「転化」を論じていることである。この点をふまえれば、レーニンの国家独占資本主義概念が少なくとも国家独占資本主義ではなくて、国家独占資本主義[16]、いいかえれば、国家に規制された独占資本主義を意味しているのではないかと推察できよう。この〝国家独占資本主義〟と、それと類似した概念である〝国家資本主義〟との関連からいくつか検討してみたい。

レーニンの国家資本主義概念については、のちに述べるように、国家独占資本主義との区別と関連においてもきめこまかく捉えられねばならない[17]。が、この〝国家資本主義〟が、たんなる資本主義（いわば自由競争の支配的な資本主義）と対比されて、資本主義社会の「全経済生活を、一つの中心から規制するような状態」（㉓二九八）をあらわすかぎりでは、国家に規制された資本主義という意味であろう。ところでレーニンが、しばしば国家資本主義という用語を国家独占資本主義とまったく同じ意味で使用している例は少なくないのである。レーニンは、国家独占資本主義という用語をもちいる以前にもまったく同義で、戦時中における世界資本主義の「国家資本主義への一歩前進」（㉓二三二）、あるいは「国家資本主義への転化」（㉓二九六）等々を指摘している。また〝国家独占資本主義〟をすでに使用した以後にも、国家資本主義を国家独占資本主義とほとんど同義にもちいている場合もある。たとえば、一九一八年にレーニンは「私が国家資本主義に〝高い〟評価をあたえるのは、けっして現在だけのことではなくて、ボルシェヴィキが権力をにぎるまえにもあたえていた」(㉗三四五)と述べ、国家独占資本主義に関する『さしせまる破局』の当該個所について解説している。さらにレーニンは、大戦下のドイツを「国家資本主義の模範」(㉗二九六)としてあげ、「みごとな技術装備をもつ、ドイツの組織された国家資本主義」(㉗六)について語り、他方でドイツを、国家独占資本主義への転化という点での「模範国」(㉙一五八)とよんでいたこともつけくわえておこう。

以上のようにみてくると、レーニンの国家独占資本主義概念が国家資本主義概念とまったく同様に、国家に規制されたという点に力点があることは明らかである。[18]そこでレーニンによる国家独占資本主義の一般的抽象的規定を〝国家に規制された独占資本主義〟としてもよいとおもわれる。もちろん、レーニンが国家独占資本主義の特徴として列挙しているのは、たとえば「全国家的規模での生産と分配との調整、全般的労働義務、強制的シンジケート化(企業連合への統合)等々」(⑬四四二)であり、それらは第一次大戦における戦時経済下の国家規制の具体的形態あるいは統制方策についてみたものであった。したがって、レーニンの国家独占資本主義論は、主として「戦時国家独占資本主義」(㉕三八五)についてであってこんにちの国家独占資本主義にそのまま適用できるものではないともいえよう。[19]しかし、そうだからといって、そこに国家独占資本主義の一般的抽象的規定がひそんでいることを見落とすことは正しくない。というのは、国家の経済的統制方策などは、国家独占資本主義の一般的規定とは、概念的には区別されねばならず、それらは、国家独占資本主義のいわば経済装置にふくまれるのであり、国家独占資本主義の一般的規定ではなく国家独占資本主義のいわば歴史的具体的存在形態ともいえるからである[20]。しかも、レーニンが国家独占資本主義の特徴としておそらくもっとも重視していた「全国家的規模での生産と分配の調整」(⑬四四二)そのものは、形態をかえながら紆余曲折をへてこんにちの国家独占資本主義でより精密化、拡張化されているようにおもわれるからである。

さて、右の国家独占資本主義のいわば一般的規定を別の角度から捉えなおすと、国家独占資本主義は「独占資本主義を基底した国家資本主義」といいかえることも可能であろう。周知のように、国家資本主義は、部分的には、富国強兵策をとる明治期の日本資本主義のごとく国家独占資本主義段階以前にも存在していたが、その基底としての独占資本主義が誕生しなければ、それは体系的な国家資本主義にも国家独占資本主義にもなりえない。しかしながら、二〇世紀の独占資本主義段階に入ると、国家資本主義は、その基底をふまえて、潜在的には国家独占資本主義の萌芽にならざるをえないとおもわれる。ちなみに、レーニンは、「自由競争に基礎をおく古い資本主義は、こんどの戦争で最後的に打ちくだかれ、国家資本主義、独占資本主義に席をゆずった」(㉗三九五)と述べているが、ここにうかがわれるように、われわれは第一次大戦が、その萌芽を「異常に」あるいは「強度に」はやめて顕在化したとみてもよいのではなかろうか。こうして国家独占資本主義はその基底としての独占資本主義の成長段階で発生し、また独占資本主義のその後の変化に制約されつつ展開していくものと把握することもできよう。もちろん、国家独占資本主義が独占資本主義段階でいかなる歴史的必然性をもって発生したかについては、さまざまな議論があり、それについては独占資本主義段階における生産の社会化と私的所有の矛盾を基礎に多面的な考察が必要となろう。[21] しかし、ここでの問題は、さきの一般的規定をふまえるならば「資本主義の新しい段階」（㉕四七八）としての国家独占資本主義が、独占資本主義の発展方向（いわば傾向）でもあるのではないかということである。ふりかえってみれば、第一次大戦下の国家独占資本主義は、レーニンの時代にはまだ誕生したばかりの〝ひよこ〟（レーニン）であった。しかし、こんにち、われわれはこういうこともできよう。国家独占資本主義は、第一次大戦のもとで独占資本主義から「成長転化」（㉕三八四）したが、それで完成されてしまったのではなく、基底としての独占資本主義の発展に制約されつつ、第一次世界大戦以降にもそれなりに〝成長〟[22]し、一九三〇年代不況[23]から第二次大戦をへて、アメリカ合衆国を枢軸とした〝国家独占資本主義の国際的体系[24]〟として再編成されている、と。いずれにしても国家独占資本主義の正確な歴史的具体的把握はその一般的規定にもとづいてこそ可能となるといえよう。

## 3

国家独占資本主義の歴史的・具体的把握をおこなっていくうえできわめて重要なことは、基底としての独占資本主義の発展過程の位置づけをひとまずおけば、その国家による規制の階級的性格と経済的内容を明らかにすることである。国家独占資本主義は独占資本主義をその経済的基底にするとはいえ、それをたんなる独占資本主義に〝還元〟するだけで、国家による規制の具体的あり方を問わなければ国家独占資本主義の固有な歴史的性格が曖昧になるばかりでなく、その変革の具体的展望を探ることもできなくなるとおもわれる。(25)

この問題に関して、レーニンは、たとえば、次のように述べている。

「アメリカもドイツも、労働者（いくぶん農民）にたいしては軍事的苦役を、銀行と資本家にたいしては楽園をつくりだすような仕方で、〝経済生活を規制している〟。彼らの規制は、労働者を飢餓に瀕するほど〝締めつけ〟、資本家には（こっそりと反動的＝官僚的に）戦前よりも高い利潤を保障するところにある」（㉕三五九）。

右の指摘はたしかにその表現において第一次大戦的ないわば戦時色をおびているが、ここで大切なことは、レーニンが独占資本家の国家――「政府とよばれる百万長者たちの全国委員会」（㉑三五〇）――のもとでの規制の階級的本質を端的に明らかにしていることである。また、このような規制が直接的には官僚機構を担い手としておこなわれることから、〝反動的＝官僚的な統制〟が不可避となることを指摘していることである。

ところでやっかいな問題は、このような国家による規制が「物資の生産と分配にたいする社会的統制」(㉔三一三、㉙八九、ほか)を主軸とするかぎり、独占資本主義の再生産過程全体にたいする規制を経済的内容としていることである。[26] つまり、この機制が労働者や非独占諸部門のみならず国民経済の中枢部門たる独占体への規制をもその一環として必然的に含まざるをえないということである。[27]

以上のように考えていくと、独占資本家の国家のもとでは国家独占資本主義は一方における国家の独占体への〝従属〟と、[28] 他方における国家による独占体への〝規制〟という「二面的性格」[29] をもつ必然性がそれなりに明らかとなってくる。もちろん独占体への規制については、〝会社と政府の人的結合〟や〝買収〟等をつうじた国家と独占体との〝癒着〟によって規制の緩和やぬけ穴などが生じてくることも事実である。しかし、このような独占体への規制が国家統制あるいは国有化という方策で独占体へ不利益をもたらすと一面的に捉えられてはならず、しばしばその反対に独占体にとってきわめて有利に「高利潤を保障する」ためにも積極的におこなわれることをも見失ってはならない。[30] したがって、国家独占資本主義の「二面的性格」は独占資本家の国家のもとでは単純な対立関係でなくて本質的に密接不可分の関係として統一的に把握されるべきものといえよう。[31]

だが、ここで再び留意しておきたいことは、レーニンが国家独占資本主義そのものを社会主義革命へ向けてのいわば打倒の対象として捉えていたと即断してはならないことである。というのは、レーニンは「実質上、統制の問題全体は、だれがだれを統制するかということに、すなわち、どの階級が統制し、どの階級が統制されるかということに、帰着する」(㉕三六八)という見地から、あくまで独占資本家の国家という限定のもとで、その国家による規制の階級的本質を暴露しているにすぎないからである。いな、むしろロシア革命前のレーニンは国家独占資本主義について、それをたんなる打倒の対象というよりは〝社会主義の入口〟として、社会主義革命のいわば利用対象としても捉えていたふしがみられるのである。たとえば、レーニンは、すでにみた一九一七年四月の「第七回全国協議会」で戦時国家独占資本主義の統制方策が「生産手段の私的所有が廃止され、国家権力が完全にプロレタリアートの手にうつったばあいには、人間による人間の搾取を廃止し、万人の幸福を保障する社会改造の成功の保障となる」(㉔三一八)と述べている。また、わずか約半年後には、国家独占資本主義の〝利用〟について〝私的所有の廃止〟や〝プロレタリア国家権力〟という一般的条件(32)を必ずしも前提とせずに、いま必要なことは「反動的＝官僚的規制を革命的民主的規制に変えることだけである」(㉕三六一)とさえ述べているのである。この革命的民主的規制の具体的内容としては次の五つの方策、すなわち、(1)銀行の国有化、(2)シンジケートの国有、(3)営業の秘密の廃止、(4)強制的な団体への統合、(5)消費の規制、があげられているが、それらはこれまでの国家独占資本主義的規制のいわば革命的民主的再現といえるものである。しかも、レーニンは、「ここで問題にしているのは、プロレタリアートの独裁ではなく、社会主義国家ではなく、〝革命的＝民主主義的〟国家である」(㉗三四五)と注意をうながしているのである。ロシア革命後の現実がこの過渡的な革命的民主的国家に途中下車せずに、いわばソビエト型社会主義国家に突進せざるをえなかったとはいえ、右のレーニンの見地は社会主義革命以前における革命的民主的政権のもとでの国家独占資本主義の創造的利用をこんにちの先進国革命論との関連において展望するひとつの視座をあたえてくれるようにみえる。従来のマルクス主義的研究においては、いわゆる構造改革派などの国家独占資本主義論（いわゆる「生産関係説」）との対抗関係から、いわば打倒の対象としての国家独占資本主義論がその主流を占めてきたむきもあるが、われわれは「真に革命的民主主義的な国家のもとでは、国家独占資本主義が、不可避的に社会主義にむかっての一歩あるいは数歩を意味する」（㉕三八五）というレーニンの命題を先進国革命論との関連からあらためて再認識しなければならないのではなかろうか[33]。

もちろん、こんにちの国家独占資本主義がレーニンの時代とくらべて異常なまでに発展したものとなっており、その規制も独占体の高利潤をはるかに大規模かつ巧妙に保障する複雑な体系となっていることも事実である。したがって「資本主義の巨大な力と国家の巨大な力を単一な機構に……結合する」（㉔四二九）ところの国家独占資本主義[34]の規制を将来の革命的民主主義的国家のもとで利用する問題については、その民主的改変などを含めて相当に慎重な議論が必要となろう[35]。しかし、そうだからといって、国家独占資本主義的規制のいわば革命的民主主義的利用がますます困難にあるいは不可能になるとは必ずしもいえないようにおもわれる。たとえば、こんにちの国家独占資本主義においては、レーニンがさきにあげた五つの統制方策にしても、銀行や大企業への規制にかぎってはその直接的な国有化がごく一部に限られているものの、無数の経済立法などにみられるごとく規制の網の目そのものはかえって緻密化され拡張化されているからである[36]。また、レーニンが想定した〝革命的民主主義的国家〟にしても、とりわけ第二次大戦以降の先進資本主義諸国における政治的民主主義の偉大な進展によって、その実現可能性がより大きくなっており[37]、しかも規制の直接的担い手としての官僚機構などはレーニンの時代と比べものにならない規模でその巨大な底辺をプロレタリア的あるいは半プロレタリア的職員層によって支えられているからである[38]。さしあたり、これらのこんにち的諸条件を考慮すれば、さきのレーニンの命題はむしろ現代においてこそ、より創造的な適用の余地があるといえるのではなかろうか。

## 4

さて、レーニンはロシア十月革命の直後、世界革命の展望のもとで次のように述べている。

「帝国主義、すなわち独占資本主義へ発展した資本主義は、戦争の影響をうけて、国家独占資本主義に転化した。われわれはいまや、世界経済のこの発展段階に到達している。そしてこの段階は社会主義への直接の入口である。だから、ロシアに勃発した社会主義革命は世界社会主義革命のはじまりをしめすにすぎない」(㉖三九九「パンと平和のために」)。

しかし、国家独占資本主義を「社会主義の直接の入口」とする見解は、各国別にみるとロシア革命以後の国際的現実によって二重の意味で一定の〝修正〟を余儀なくされたようにみえる。一方では、革命後のロシアが「物質的、経済的、生産的な意味では、まだ社会主義の〝入口〟にきているわけではない」（㉗三四五）ことをあらわし、他方では、「はじまる」べき先進国革命（とくにドイツ革命）が「まだおくれる」（㉗三四三）ことを示したからである。そこでこの二つの現実[39]との関連からレーニンの国家独占資本主義論を再吟味したい。

はじめに先進国の現実との関連からみることにするが、ここで注意を払いたいことは、次の点である。すなわち、たしかにレーニンは、のちにふれるように、〃小農民国〃としてのロシアにおいては「社会主義への直接の入口」にあることを否定したが、先進資本主義諸国においては、それを訂正しなかったようにみえることである。たとえば、かなり後になってもロシアの現実との対比で、レーニンは「世界的な規模で大工業があるかぎり、そのかぎり社会主義への直接的な移行が可能なことは争う余地がない」（㉝一五五）等と述べているからである。しかしながら、こんにちに至るまで先進国革命は誕生しておらず、その意味でレーニンによる「社会主義の入口」論そのものの検討にたちもどることは必ずしも無駄ではなかろう。

すでにみたように、レーニンが国家独占資本主義を「社会主義の入口」として位置づける理由は、それが「社会主義のためのもっとも完全な物質的準備」（㉕三八六）であると考えたからであろう。この「物質的準備」が、物質的な生産諸力の発展水準をふくむことはいうまでもない[40]。しかし〃物質的なもの〃をたんに〃生産力〃に等置するのはあまりに一面的な理解であろう[41]。レーニンは、「物質的準備」を唯物史観でいう生産関係――それ自体物質的社会関係といえる――に対比するというよりは、むしろ社会主義の主体的準備（革命）との関係からみている。とすれば、国家独占資本主義の

〝中軸〟である「物質の生産と分配の過程にたいする社会的規制の機構が準備されていること」(㉙一〇八)を主として意味しているのではないか。このような物質的経済的基盤にかぎれば、国家独占資本主義と社会主義との間に「どんな中間的段階もない」ことの理解もそれなりに容易となってこよう。国家権力の移行の問題をひとまずおけば、国家独占資本主義と社会主義とがかなりの連続性において明瞭に理解されうるのである。

レーニンは右の図式にぴったりと対応させて、少なくとも先進資本主義諸国では国家独占資本主義は社会主義へ直接に移行するとみていたのではなかろうか。したがって「戦争と革命によって生みだされた客観的情勢」(㉖一六六)という限定つきではあるが、レーニンのいわば先進国革命論は、「社会主義の入口」としての国家独占資本主義論を基礎とする社会主義への一段階革命論ということができよう。[42] しかしながら、国家権力の移行や経済の過渡的性格の関連を考慮に入れると、問題はかなり複雑になってくるのである。こんにち、少なくない先進資本主義国の社会主義政党は具体的政策には多少の〝ニュアンス〟の相違があるとはいえ、ロシア革命からこんにちまでの革命運動の実践的教訓として直接に社会主義をめざすのではなく、反独占的＝民主的変革をつうじて社会主義へ漸進的にあるいは〝迂回〟的に移行するという路線をとっている。その限りでは、すでにみたレーニン的一段階革命論、すなわち、「社会主義への直接的な移行」論を事実上放棄したといえよう。

ところで、反独占的＝民主的変革の最終目標はなにかと問いなおせば、それは社会主義経済の建設ではなく資本主義の枠のなかでの独占資本主義の止揚にある。高度に発達した資本主義のもとでは、反独占的＝民主的変革から社会主義革命へは、かなり連続的に移行することが想定されようが、この民主的変革期における経済的序列がいかなる性格のものであるかは、これまで必ずしも明確にされておらず、ある意味では国家独占資本主義と社会主義とのあいだに中間的段階をおいているようにも考えられ、またそうではないようにもみえる。[43] しかし、レーニンの国家独占資本主義の位置づけによれば、そのような「中間的段階はない」とされていたことも事実である。したがって、こんにちの先進国革命論は、レーニンの一段階革命論の修正のみならず、「社会主義の入口」としての国家独占資本主義論そのものを修正するか否か、あるいは新たなる解釈をくわえるか否かの理論的帰路にたたされているわけである。この問題点についていくらか敷衍してみると、レーニンの規定を否定すれば国家独占資本主義と社会主義とのあいだになんらかの中間的・過渡的な経済的秩序を想定する必要が生じる。ところが、この反独占＝民主的変革期の最初の時点でいっきょに独占資本主義を――たとえばすべての独占的大企業部門を国有化によって――克服することがきわめて困難な場合には、民主的政権による独占体への規制が一定期間かなり継続的におこなわざるをえない。とすれば、この中間的段階は広い意味での国家独占資本主義に含まれてしまう。さもなければ、社会主義的な国家権力への強行によって社会主義へ直接的に移行せざるをえないからである。その場合には、この中間的段階は基本的には社会主義に含まれよう。そこでレーニンの規定を継承するならば、反独占的＝民主的変革期の経済的秩序が社会主義段階でないとすると、それは新しい型での〝国家独占資本主義〟――民主主義的国家独占資本主義（いわば人民戦線型国家独占資本主義）[44]――と位置づけられる。この場合には、国家独占資本主義における国家は、いわゆる「革命的民主的国家」であり、その国家による経済的規制は、反独占的＝民主的経済政策にもとづいてとりわけ独占体への民主的規制を強化することになろう。そして、すべて独占的諸部門の国有化をつうじて独占資本主義そのものを完全に止揚する段階から、社会主義革命へむけてさらに歩みだすことになろう。「社会主義は、国家資本主義的独占からの、つぎの一歩前進にほかならない」（㉕三八五）といわれるゆえんである。

以上、複雑な現実問題をややシェーマ化しすぎたきらいもあるが、こんにちの先進国革命論にとって、国家独占資本主義論の新しい理論展開が不可避であるようにおもわれる。㊺

## 5

つぎに、革命後のロシアの現実によるレーニンの国家独占資本主義論の変容を吟味するにあたって、はじめに留意しておきたいことは、晩年のレーニンが国家独占資本主義概念をほとんどもちいておらず、もっぱら国家資本主義という用語によって議論をすすめていることである。ここでいう〝国家資本主義〟とは、〝普通〟の意味での国家資本主義概念、つまり「資本主義体制のもとで、国家権力がある資本主義企業を直接に自分に従属させているばあいの資本主義」（㉝二八二）ではなくて、主として〝独特な〟国家資本主義概念、つまり「プロレタリア国家の統制と規制のもとでの資本主義（すなわち、この意味での〝国家〟資本主義）」（㉜四八六）のことである。しかも、具体的には、「（1）

利権。(2)協同組合。(3)仲買業者。(4)賃貸。」(㉜三五〇)などとしてやがて類型化されたように、いわばウクラードとしての国家資本主義(国家資本主義諸部門)をさしている。[46]したがって、この国家資本主義は、国家独占資本主義とさしあたり区別されねばならない。ところで、革命後のロシアでは銀行や大企業の社会主義的国有化がすでに完了し、私的独占部門の存在する余地がまったくない以上、国家独占資本主義についてそもそも語りえず、残された諸部門の国家独占資本主義に限定されてくることは当然なのである。また、この〝国家資本主義〟について〝国家独占資本主義〟との区別を強調するあまり、それが国家独占資本主義そのものとなんらの関連がないと即断することも疑問である。それは国家規制という点でも、利潤動機という点でも、一定の概念的共通性を、さらには歴史的「継承関係」(㉝四九二)をもっていることが否定できないようにおもわれるからである。そこでレーニンによる国家資本主義をめぐる議論から、これまでの「社会主義の入口」論がどう修正されたかをさらにみなければならない。

レーニンは、革命後数ヵ年の苦い経験を総括して次のように述べている。「実生活は、われわれの誤りをしめした。一連の過渡的段階が必要であった。すなわち、共産主義への移行を準備する――長年にわたる努力によって準備する――ためには、国家資本主義と社会主義とが必要であった」(㉝四五)。このようなプロレタリア国家のもとで国家資本主義を必要とする過渡的経済段階――いわば「新しい道による国家資本主義の発展」(㉝八九)――は、「これまでの歴史上まったくなかった状態」(㉝二八三)であるばかりでなく、「マルクスも、どのようなマルクス主義者も、これを予見できなかった」（㉝三一七）ところの〝奇妙な〟状況といわなければならないだろう。しかし、それはブハーリンらの、いわゆる「共産党左派」などがいうような〝社会主義にたいする裏切り〟などではなく、レーニンも的確に述べているように「生きた生活のなかで、小農民経済から国家資本主義を経て社会主義に導くような、まさにそのような矛盾」（㉝四五）といわねばならないものである。それだからこそレーニンは、「共産党左派」との論争で彼らを「現実の生活を見ようとせず、国家資本主義を観念的社会主義に対置する」（㉗三〇四）と批判して、過渡期の現状を分析して国家資本主義が「ソヴェト権力のもとでは社会主義の入口であり、社会主義の永続的勝利の条件である」（㉗三五五）と展望していたのである。

以上の議論から、晩年のレーニンが少なくともロシアについては、革命前に国家独占資本主義段階に到達しておらず、これからの新たな国家資本主義が「社会主義の入口」となるとみていたことはたしかであろう。レーニンはこれまでの国家独占資本主義＝「社会主義の入口」論を部分的には〝修正〟しているのである[47]。

さて、革命後、レーニンは、国家資本主義を一定の範囲と程度で利用することをくりかえし提起している。しかも国家資本主義の利用をめぐる議論は、いわゆるネップ（新経済政策）の時期に至ると、たんなる短期間の政策手段としての利用ではなくて資本主義から社会主義へのかなりの長期間に及ぶ移行期における路線上のいわば「新たな迂回」（㉝一八二）の問題――〝国家資本主義への後退〟の路線――としてより明確化されるわけである[48]。つまり「さらに後退して国家資本主義から売買の国家的規制と貨幣流通へ移行する必要がある」（㉝八四）こと等が明らかとなったからである。そして、レーニンは、プロレタリア国家の規制下における国内商業の振興あるいは市場機構の創造と利用が「わが社会主義建設の過渡的諸形態における〝環〟」（㉝一〇三）であるとさえ指摘しているのである。

こうしてネップ期には、国家資本主義概念の内容も現実の歩みを反映しつつ拡がり、「国家的な規制をくわえられる自由商業と資本主義」（㉝一八二）等とされるに至った。[49] レーニンは、また次のようにものべている。「理論的にも実践的にも全問題は、資本主義の不可避的な（ある程度まで、またある期間は）発展を国家資本主義の軌道にむけ、その諸条件をととのえ、近い将来国家資本主義が社会主義へ転化することを保証する正しい方法を発見することにある」（㉜三七二）と。ここから社会主義国家における労働組合や協同組合など国民大衆の参加の新たな重要性もうかびあがってくるのである。[50]

このようにみてくると、革命前のレーニンによる国家独占資本主義論はたんに〝修正〟されているだけでなく新しい国家資本主義論としてより豊かに変形されているといえよう。われわれはそこからまたフィードバックして、レーニンが国家資本主義論でとった創造的な展開からこれまでの国家独占資本主義論を逆照射する必要もあるのではなかろうか。

レーニンはこの「国家資本主義への後退」の経験をふまえて、かつての先進国革命についての見解とは多少ことなる発言をしている。「いま世界のすべての先進国で成熟しつつあるプロレタリアートの革命は献身的にたたかい攻撃する能力と、革命的秩序をもちながら退却する能力とを結びつけないでは、その任務をはたすことができない。（中略）それ（革命の第一期における攻撃の経験）と同じように、われわれの闘争の第二期の経験すなわち退却の経験は、おそらく将来すくなくともいくつかの国の労働者の役に立つであろう」㉝三三五「ロシア共産党［ボリシェヴィキ］第一一回大会」。さらに「共産主義インターナショナルと西ヨーロッパの先進国の立場からも、このこと［退却の経験］に注意をはらわなければならない」㉝四三六「第四回コミンテルン大会」。

これらの発言にうかがわれるように、レーニンがコミンテルン綱領の作成を「延期」するように提案したのは、ひとつにはこの〝退却〟の可能性とその保障についての〝熟考〟の必要性からであった。もっとも以上の発言が、こんにちの先進国革命路線を明確に意識していたかどうかといえば疑問であろう。たしかにそこにこんにちの先進国革命路線の萌芽をよみとれるものの、やはりレーニンはあたかもロシア革命のごとく「プロレタリアートの革命」をまずおこない、その後で柔軟な主として経済政策での「退却」の路線をとるべきと考えていたのかもしれないからである。[51] しかし、いずれにしても、こんにちわれわれはこう自問しなければならないようにおもわれる。かつてのロシア革命でははじめに社会主義国家への急襲をめざしてしかるのちに国家資本主義へ退却する道（国家資本主義の創造と利用）をつうじて社会主義経済へすすもうとしたが、こんにちの先進国革命では、はじめに民主的国家のもとで独占資本主義を包囲する道（既存の国家独占資本主義の改造と利用）をつうじて、しかるのちに社会主義国家へ突進しては、なぜいけないのか、と。[52]

こんにちの先進国革命論にとって、焦眉の論題は反独占的民主的変革期の経済的秩序の正確づけで

図2‐1　先進国革命論の諸類型
（国家独占資本主義論との関連をめぐって）

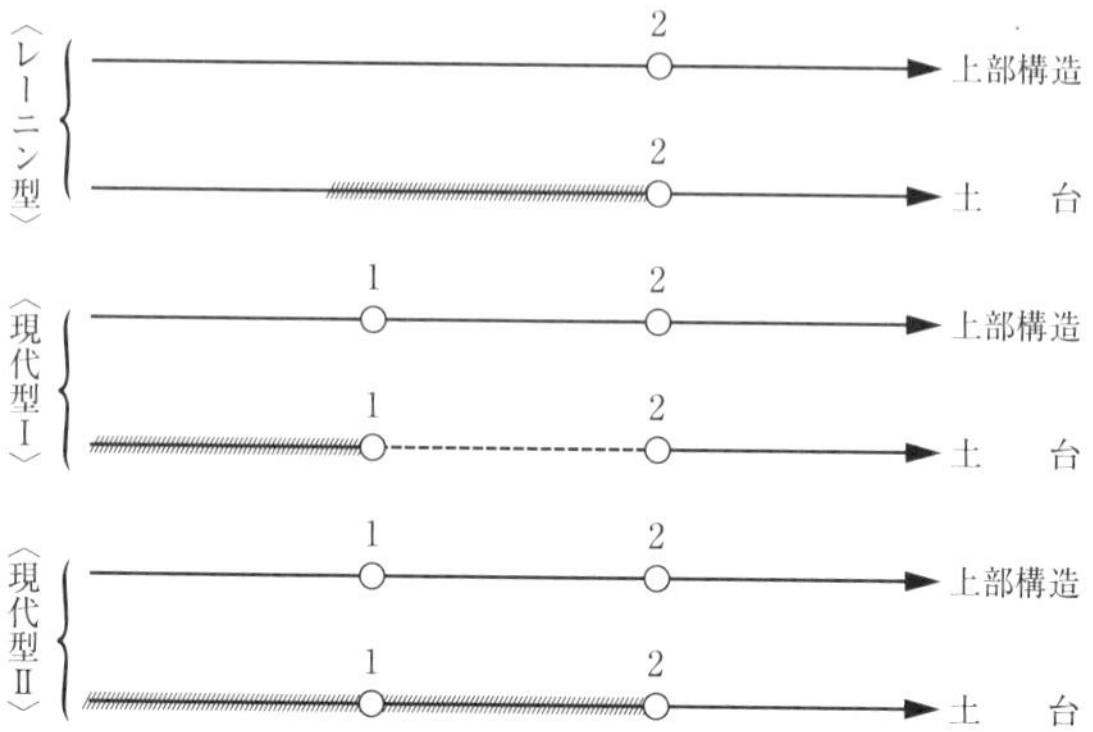


（注）矢印は歴史の流れを示し、○印（1および2）は、民主主義的変革および社会主義的変革の転換点をあらわす。なお、土台における点線ならびに斜線////////の部分は、それぞれ不明瞭な時期ならびに国家独占資本主義段階を意味しているが、＜現代型Ⅱ＞における○////////○の時期こそ本稿でいう民主主義的国家独占資本主義の段階をあらわしている。また、上部構造と土台との対応関係は、現実には多様な媒介項をふくみ、かつ必ずしも時期的に一致しないが、図示するために単純化した。

ある。[53] われわれはこれまでの検討をとおして、そのひとつの可能性が新しい革命的民主的国家によって規制（民主的かつ計画的に）される民主主義的〝独占資本主義〟にあることを探っている（図2‐1）。

それは、レーニンの〝国家独占資本主義〟概念をめぐるいくつかの検討からの一定の理論的結論でもある。われわれは少なくとも、第一の国家独占資本主義の一般的規定が国家に規定された独占資本主義であること、第二にこの規制は基底としての独占資本主義の発展に条件づけられながらも社会主義革命以前の革命的民主的国家によっても利用できうること、第三にその利用は国家規制のもとで、とりわけネップ期における国家資本主義の利用にみるごとく、必ずしもすべての諸部門の国有化を前提条件にせず市場機構を利用してもありうること等々を探ってきたからである。とはいえ、民主的革命の目標＝独占資本主義の止揚を可能とする〝国家独占資本主義〟とは奇妙な自己矛盾にみえるであろう。しかしわれわれは、次のようにいわねばならないとおもわれる。この〝国家独占資本主義〟は普通の意味での独占本位型国家独占資本主義ではなく、国民生活の豊かな発展を制御するために独占諸部門を市場機構と利潤保障との民主的規制という一定の枠においた——その意味では完全な独占資本主義ではなくなった——独特の国民本位型の国家独占資本主義である、と。したがってそれは、かりにレーニンもどのような〝マルクス・レーニン主義者〟も予想しなかったものであろうと、未来の〝生きた生活〟における現実的矛盾にすぎない、と。もちろん民主的変革期の進行過程でいくらかの独占的諸部門の民主的国有化は避けられず、しかも最終的にはすべての独占的諸部門の漸進的国有化が、社会主義革命への巨歩となるといえよう。しかし、民主的〝国家独占資本主義〟から社会主義への転化は、これまでの国家独占資本主義からの民主的〝国家独占資本主義〟への転化とは段階的に区別されねばならないのである。

　こんにちの国家独占資本主義は、くりかえすまでもなく、レーニンの時代よりはるか高度で多岐にわたる「社会主義の物質的準備」をつくりだしている。大切なことは、社会主義と国家独占資本主義とを観念的に対置し国家独占資本主義そのものをたんに打倒の対象としてあれこれ解釈をくわえることではなく[54]、国民大衆の真の要求を実現できるようにこれまでの国家独占資本主義の型を民主的に改造する方法と、それをつうじた社会主義への道を創造的に発見することなのではなかろうか。そのひとつの可能性として、新しい型の民主的〝国家独占資本主義〟が構想されうるのである[55]。

## 6

周知のように、世界資本主義は第一次世界大戦前後あるいはロシア革命後から、世界資本主義のいわゆる〝全般的危機〟の段階にはいる。したがって、国家独占資本主義論は、世界資本主義の全般的危機との関係でより深められねばならない[56]。この問題の検討には多くの宿題がのこされているが、ここではひとつだけ問題にふれておきたい。

いわゆる〝全般的危機〟については、さまざまな解釈の余地があるが[57]、それが世界の資本主義体制そのものの危機であり、資本主義から社会主義への移行期における危機であることは明らかである。そこでこの移行の意味を問いなおすと、人類史的視点から捉えた資本主義社会から社会主義社会へという社会構成体そのもの[58]の〝移行〟と、各国における国家権力との関連で捉えた資本主義国から社会主義国への〝移行〟という微妙にことなる二つの意味がふくまれているのである。ちなみにレーニンは、革命後こう述べている。「どんな共産主義者も〝社会主義ソヴェト共和国〟という表現が、社会主義への移行を実現しようというソヴェト権力の決意を意味するのであって、けっして新しい経済的秩序を社会主義的なものとみとめることを意味するのではないということを、一人として否定しなかった」(㉗三三八)と。右の二つの〝移行〟の相違こそ、革命後の困難にとりくむレーニンをして「わが国の革命が社会改造の道をこんなに遠くにすすんだ最初のもの」(㉗二二九)と感慨せしめたものであろう。このように考えていくと、資本主義の〝全般的危機〟の段階については、社会構成体の移行期という意味での全般的危機の時代とこの時代における危機の深まりという意味での全般的危機の局面とを少なくとも概念的に区別しなければならないのではなかろうか[59]。前者については、たとえば封建制から資本主義への移行のごとく一世紀以上におよぶ人類史的な射程距離で捉えられねばならないが、後者については、各国が直面する社会変革との密接な関連から短い射程で捉えられる。レーニンは必ずしもこのような意味で資本主義の全般的危機という定式化をしなかったが[60]、まえの視角から「帝国主義―銀行資本の時代、巨大な資本主義的独占体の時代、独占資本主義が国家独占資本主義へ成長転化する時代」(㉕四四二～四四三)という設定をあたえ、あの周知のテーゼ「帝国主義戦争はプロレタリア革命の前夜である」については、あとの視角から捉えていたのではなかろうか。いずれにしても第一次大戦前後の状況は、全般的危機の時代と局面の重畳せるはじまりであり、ロシア革命と国家独占資本主義とは、これら重畳する時期の〝二つの落し子〟であったといえよう。この点にかんしてレーニンは次のような面白い比喩を述べている。「歴史……は、独特な歩みをして、一九一八年になるころまでに、社会主義の二つの片われを、国際帝国主義という殻のうちに、ちょうど未来のひよこのように、ならべてうみだした。ドイツとロシアとは、一九一八年には、一方では社会主義の、経済的・生産的・社会=経済的諸条件の、他方では、その政治的諸条件の、物質的実現をなによ

図2-2　世界史における国家独占資本主義と初期社会主義の並存関係

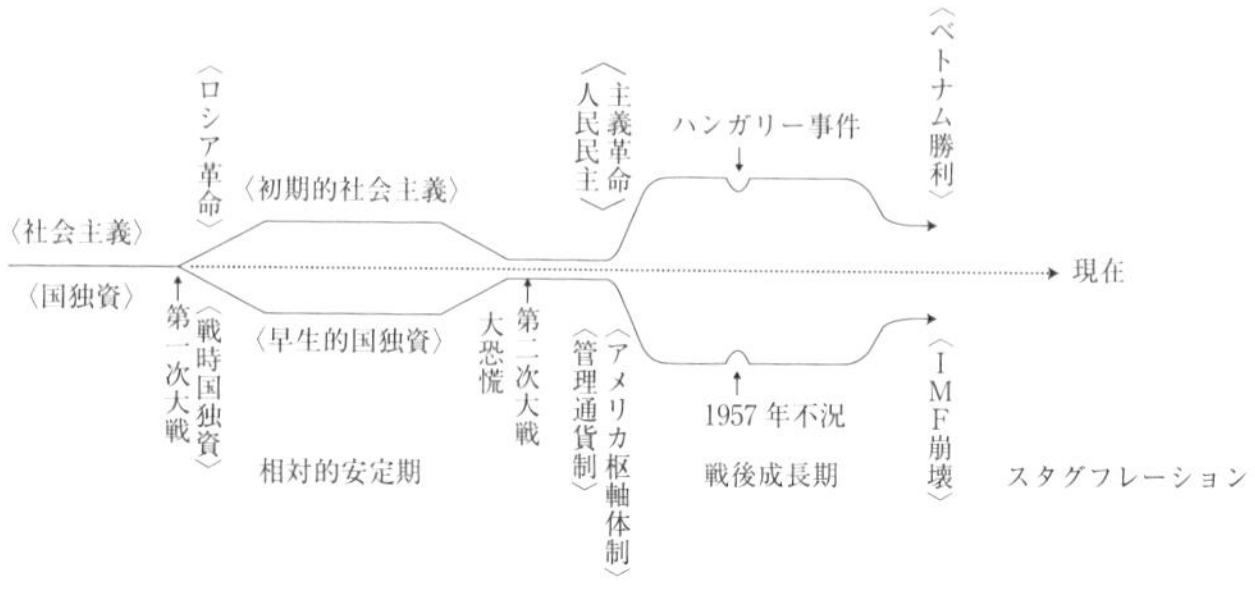


（注）矢印の広がりは、それぞれの体制をとる国家数あるいは経済力の増減ではなく両体制の相対的安定状況を示している。本来は、いわゆる第三世界（発展途上国）をも視野に入れるべきであるが、比較を単純化するためにあえて捨象した。

りもはっきりと体現した」（㉗三四三）。国家独占資本主義といわば初期的社会主義[61]との連関についてのこの深淵な比喩から、われわれはマルクスやエンゲルスの社会主義革命の予想（いわゆる先進国＝世界同時革命）が〝独特な歩みをして〟――きわめて屈折した形で――表現されていることを感知することができよう。ともあれ、この二羽の〝ひよこ〟のパラレルな進行は、第二次大戦前後で中断されたとはいえ、こんにちにまで及んでいる（図2-2）。それは、あたかも、封建制から資本主義への移行期における初期資本主義（イギリス）と絶対王政（フランス）との並存関係のごとくみえる。

こんにち、IMF体制の〝崩壊〟・スタグフレーション・エネルギー危機など資本主義の全般的危機があらたに深まり、ある意味では「国家独占資本主義そのものの危機[62]」も問題となっている。しかし、真の問題は、このような国家独占資本主義の構造的危機を国民大衆自らが打開する道（これからの先進国革命の方向）がいかにして可能かということであろう。この点にかんしてレーニンは、また次のように述べている。「革命の到来には、内乱という代償がいる。しかしそれは、国家が文明的であればあるほど、発展していればいるほど、いっそう苦痛なことである。ドイツでは国家（独占）資本主義が支配している。だからドイツの革命は、小ブルジョア的な国の革命よりも百倍も破壊的であり破滅的である――そしてそこでは非常な困難、非常な混乱と不均衡が生じるであろう」（㉗三〇〇）。この興味深い指摘は、こんにちの先進国革命と国家独占資本主義との深い内的関連についてきわめて多くの示唆をあたえている。それについては、もはや詳しく述べる余裕はない。ともかく、こんにちの先進国革命の当面の目標は、レーニンが予期したような社会主義革命ではなく、社会の平和的民主的革命を志向しているのであり、あえて右の〝苦痛〟を激化させるものではない。もちろんこんにちの国家独占資本主義の構造的危機をひきつぐと予期される先進国の社会変革は、状況いかんでは〝混乱〟や〝不均衡〟をより増幅させることもあろうが、ここで、レーニンにならって、ひとつの比喩を〝赤ん坊〟と例示して述べてみよう。すなわち、ロシア革命などいわゆる後進国革命が、全般的危機のある局面で産み落とされたいわば〝未熟児〟であるとすれば、先進国革命は〝母胎のなかで成長しすぎて誕生できずにいる胎児〟［過熟児］だといえる。したがってわれわれは、〝未熟児〟であってもそれを大切に育てねばならないのと同様に、〝大きくなりすぎた胎児〟をいわば帝王切開（すなわち新しい型の民主的〝国家独占資本主義〟の創造への道）によって〝苦痛〟をやわらげつつとりださねばならない、と。そうでなければ母胎を破壊するのだとも考えられる。

レーニンによるさきの比喩にたちもどると、レーニンはつづけてこう述べている。「ドイツでプロレタリア革命が勝利したならば、それは、帝国主義のあらゆる殻（この殻は、残念ながら最良の鋼でできており、そのため、どんな［に］……ひよこが努力しても割れるようなものではない）を一挙に、きわめてたやすくぶち割るであろうし、あるいはわずかの困難で……世界社会主義の勝利をきっと実現するであろう」（㉗三四三）。この時期は現実の歩みによって必ずしも実現されなかったが、これから先進国革命が、新しい型の〝国家独占資本主義〟をつうじて成功すれば、それは、より高い次元で実現されるにちがいない。そして高度に発達した資本主義諸国が、革命的民主的権力からさらに社会主義へふみだすとき、いわゆる後進国革命による〝社会主義〟（初期的社会主義）も、新しい国際協力体制にささえられながら、肩をならべて社会構成体としての高度な社会主義へ同時にすすむことになろう。[63]全般的危機の時代そのものの終焉である。このように考えていくと、国家独占資本主義と初期的社会主義とは同時に消滅するといえないだろうか。そこにおいて、はじめて、科学的社会主義の創始者たちの予想が彼らのおもいもよらなかった巨大な生産諸力の発展段階に立脚して、はるかに豊かな現実となってあらわれてくるようにおもわれる。

## 注

（1）ここでは、いわゆる〝ユーロコミュニズム〟の革命路線を指すが、それについてはさしあたり『現代と思想』

（第四号、一九七一年六月）の特集「現代革命の理論」における関連論文を参照。

(2) レーニンの『帝国主義論』等がさきの〝不照応性〟を部分的に埋めていることは確かであるが、残された課題は少なくない。その点については、上田耕一郎『先進国革命の理論』（一九七三年、大月書店）および不破哲三・上田耕一郎『理論活動の到達点と課題』（日本共産党中央委員会出版局、一九七一年）を参照。

(3) 一ノ瀬秀文「国家独占資本主義論の現代的課題」（『現代と思想』第二一号、一九七五年九月）参照。

(4) さしあたりは、坂野光俊「国家独占資本主義論争史」（島・宇高・大橋・宇佐美編『新マルクス経済学講座』第三巻、一九七二年、有斐閣、所収）および池上惇『国家独占資本主義論争』（一九七七年、青木書店）を参照。なお、六〇年代前半までの論争については、上原信博「戦後の国家独占資本主義論争の系譜と発展」（静岡大学『産業と科学』第一八号、一九六五年、所収）がすぐれた総括をしている。

(5) 井上晴丸・宇佐美誠次郎『危機における日本資本主義の構造』（一九五一年、岩波書店）。なお、本書は旧著『国家独占資本主義論』（一九五〇年、潮流社）をその後の論争をふまえて改編したものである。

(6) 井汲卓一、今井則義などの諸氏のいわゆる「生産関係」説をめぐる論争を示す。国家独占資本主義の本質規定を日本の社会変革との関連から展開したところにこの論争の意義がそれなりにあったが、井上、宇佐美両氏の先駆的研究をぬきんでる理論的展開は必ずしも十分におこなわれなかったようにおもわれる。井汲、今井両氏の論文は多数にのぼり、たとえば、今井則義ほか『日本の国家独占資本主義』（一九六〇年、合同出版）および井汲卓一『国家独占資本主義論』（一九七一年、現代の理論社）を参照。この論争の総括に関する最新研究としては、石原忠男「国家独占資本主義の本質規定をめぐる諸問題」（越原・石原・吉沢編著『独占資本論への

道』一九六九年、同文館、第二章Ⅰ）を参照。
(7) そのような極端なあらわれは、国家独占資本主義研究から〝訣別〟するという形である。その悪しき例として、正村公宏「現代資本主義における国家」（『現代の理論』一九七六年五月号）を参照。
(8) たとえば、池上惇氏は、国家独占資本主義研究で精力的な研究成果を数多く発表してきたが、かつてを回顧して次のように述べている。「日本における論争も一九六〇年代後半にはほぼ決着がついたように思われたので、論争の整理に対してそれほどの切実感をもちえなくなり、むしろ経費論や地域・自治体問題の研究に精をだすことになっていたのである」（池上、前掲書「まえがき」）。
(9) 井上、宇佐美両氏の先駆的研究にしても、レーニンの国家独占資本主義論を詳細に検討した結果であったとおもわれるが、最近においては、レーニン国家独占資本主義論の再検討を山口正之氏がおこなっている。同氏『経済科学としてのレーニン主義』（一九七三年、汐文社）および『経済の科学』（一九七五年、青木書店）ほか参照。
(10) 大内力『国家独占資本主義』（一九七〇年、東京大学出版会、一二ページ）ほか参照。なお、〝国家独占〟概念に注目することから、F・ピンナーを国家独占資本主義概念の創始者と考える見解もある。池上、前掲書、第二部第一章、参照。
(11) この点について文献をあげれば、それ自体膨大な作業となるので理論深化との関連でひとつだけあげると、堀江正規『国家独占資本主義分析』（堀江正規著作集、第二巻、一九七七年、大月書店）がいわゆるヴァルガ理論との関連で労働運動と資本蓄積とのかかわりについての具体的成果を生んだものといえよう。

(12) たとえば、大内力氏は、「レーニンのばあいには、その指摘はいかにも断片的であり、かつ首尾一貫性を欠いていた。また、それはとうぜんのことながら戦時経済という現実に密着した形で説かれていた」（大内、前掲書、一二ページ）と述べている。そこから氏はいわゆる宇野シェーマに基づく独自の国家独占資本主義＝管理通貨制論を展開しているわけであるが、方法論的出発点に若干の理論的問題が残されているようにおもわれる。

(13) 島恭彦「国家独占資本主義の本質と形態」（宇佐美・宇高・島編『マルクス経済学講座』第三巻、一九六三年、有斐閣、所収）参照。島論文は、レーニンの限界をのりきる視角として、（1）危機論、（2）管理経済論、（3）移行論、の三つをあげ「国独資論は総合的な理論である」（同上、三八ページ）と指摘している。

(14) 以下のレーニンの文献については、『レーニン全集』（邦訳、大月書店版）から次のように略記して引用した。たとえば、第一〇巻の一〇〇ページは⑩一〇〇として本文中に明記した。なお、傍点および括弧［］はすべて引用者のものである。

(15) この点をめぐっていわゆる〝段階〟か〝傾向〟かという論争、すなわち国家独占資本主義が独占資本主義とはことなる段階なのか、それとも独占資本主義の傾向かどうかという周知の論争がある。世界経済研究所資料「ヴァルカ理論をめぐる討論」一一～一二ページ、四六～四七ページ参照。それについては別の機会にふれることにしたい。

(16) 井上晴丸は、池上氏の労作『国家独占資本主義論』（一九六五年、有斐閣）を評して、「ぼくは国家独占資本主義というものの真意を〝国家独占〟資本主義（statemonopoly-capitalism）として読みとることには不賛成で、それはあくまで国家〝独占資本主義〟（state-monopolycapitalism）と読まねばならないのだと思っている」

(「国家独占資本主義論についての覚え書き」立命館大学『経済学』第一五巻第三号、一九六六年)と述べている。また、島恭彦氏も同様の指摘をしている。島、前掲論文、参照。なお原語(ロシア語)では、государственно-монополистический капитализм であるが、ドイツ語では、staatsmonopolistischer Kapitalismus とやや国家独占に力点をおいたニュアンスとなっている。

(17) これまでの諸氏による見解では、国家独占資本主義を大別して、Ⓐ国家資本主義と同義にとらえようとする傾向と、Ⓑ国家資本主義との区別を強調する傾向とがあるようにみえる。こんにちではⒷの傾向が主流を占めているようにみうけられるが、かなり早くから名和統一氏はⒷの立場にたって次のように述べている。「国家資本主義には右から左まできわめて多様なヴァリアントがある。(中略)ファシズム形態をとる国家資本主義と社会主義政権下の国家資本主義と二つの極限の間に、独占グループと労働者階級の力関係の多種多様な梯梯がありうるわけである」(同「国家資本主義」有沢広巳編『現代資本主義講座』第一巻、一九五八年、東洋経済新報社、所収論文、二四九ページ参照)。ただし名和論文は、一方で、国家権力の質的構造的相違が、他方では、基底としての独占資本主義の存在という経済構造の位置が不明確となるという二重の意味から、国家独占資本主義概念のゆきすぎた相対化を志向しているとおもわれる。

(18) レーニンは、革命後のロシアにおける国家資本主義の定義について、普通の意味での国家独占資本主義とはことなる意味で「プロレタリア国家の統制と規制のもとでの資本主義(すなわち、この意味での〝国家〟資本主義)」(32)四八六)をあげている。しかし、のちにみるように、レーニンは〝国家の統制と規制のもとで〟という点に力点をおき、その国家の階級的性格からの区別を一貫してきわめて重視していることにはかわりない。なお、統制と規制との概念的比較検討は今後の課題としなければならないが、統制概念は規制概念より狭い意味をあらわし、主として階級的内容（だれがだれにたいして）を示したり、その強制的性格を強調する場合につかわれているようにみえる。

(19) この点を、戦後いち早く指摘したのは、島恭彦氏であろう。同『現代の国家と財政の理論』（一九六〇年、三一書房、二四ページ）参照。しかし、レーニンは、この用語をあくまで、誤った概念〝戦時社会主義〟との対比でつかっていることに注意を払いたい。「ドイツのプレハーノフ（シャイデマン、レンシュその他）が〝戦時社会主義〟と名づけているものは、実際には、戦時国家独占資本主義であり、もっと簡単明瞭にいえば、労働者に対する軍事的苦役、資本家の利潤に対する軍事的保護である」（㉕三八四〜三八五）。

(20) 最近の研究では〝国家独占〟を主軸として国家独占資本主義を捉えようとする傾向が強いが、〝国家独占〟（Staatsmonopol）はもともとはいわゆる〝国家専売〟を意味し、レーニンもそのように使っている。たとえば㉒二八九参照。また〝国家資本主義的独占〟を国家独占資本主義そのものとはたして同一視してよいかは、それ自体問題であり、レーニンは「国営」（同上）「産業の国営化」㉔二四〇）をさして、〝国家資本主義的独占〟といっており、国家独占の一形態とみているのではなかろうか。以上のように考えてくると、いわゆる〝国家独占〟は、国家独占資本主義の経済的装置として理解するほうが自然である。

(21) レーニンは、『帝国主義論』を執筆した直後に、早くも「世界資本主義の国家資本主義への転化」を指摘している。とすれば、『帝国主義論』のなかにすでに国家独占資本主義の概念の萌芽があるはずではなかろうか。レーニンは、たとえば次のように述べている。「資本主義はその帝国主義的段階で、生産の全面的な社会化にぴったりと接近する。それは、いわば、資本家たちを彼らの意志と意識とに反して、競争の完全な自由から完全な社会化への過渡的な、ある新しい社会秩序にひきずりこむ」(22)二三六)この「過渡的な、ある新しい社会秩序」こそ、すでにみた国家独占資本主義の定式化における「社会主義の入口」に酷似した概念であり、おそらく、〝国家独占資本主義〟の萌芽ともいえるものではなかろうか。国家独占資本主義は、一部の独占資本家たちを不本意にひきずりこんだのであり、国家独占資本主義の経済理論家といわれるJ・Mケインズの見解が、初期においては受け入れにくかったのも、そのへんの事情にあるのではないか。

(22) ワイマール体制下のドイツを国家独占資本主義と規定して、ドイツ社会政策との関連について先駆的研究をなしたものとして、服部英太郎『ドイツ社会政策論史(上)』(『服部英太郎著作集』第二巻、一九六七年、未来社)がある。また、ワイマール体制下のドイツを〝早世的国家独占資本主義〟と位置づけた労作として、加藤栄一『ワイマル体制の経済構造』(一九七三年、東京大学出版会)参照。

(23) いわゆるニューディールを国家独占資本主義のアメリカ的形態、あるいは、国家独占資本主義のニューディール型とみて実証的に研究した先駆的労作として、藤井洋「国家独占資本主義としてのニューディール(遺稿)」(東京大学社会科学研究所『社会科学研究』一九五二年)があげられる。

(24) 一ノ瀬、前掲論文、参照。

(25) 大内秀明「国家独占資本主義論の『帝国主義論』への〝還元派〟」(大内・鎌倉・新田編著『講座・現代資本主義』第一巻、一九七五年日本評論社、所収)参照。ただし、大内論文は、かなり恣意的に諸説を〝還元派〟に一括しているようにみえる。

(26) この点に関連して、いわゆる福祉国家論を再検討する必要があるが、今後の課題としたい。

(27) もちろんここでは、国家独占資本主義の初期から産業政策や経済計画などの再生産過程全体に対する規制体系が完成されていたという意味ではない。

(28) スターリン『ソ同盟における社会主義の経済的諸問題』（国民文庫、五三ページ）参照。ただし、ここでは、国家独占資本主義の本質が「独占体に対する国家の従属」か、両者の「癒着」か、という論争問題そのものを論じるのではなく、事実問題への言及にとどめている。

(29) たとえば、山口正之氏は国家独占資本主義の二面性について「国家独占資本主義は、私的独占体が国家に対して私的影響力を行使する側面と国家が私的独占体に公的規制を加える側面とをもっている」（『経済の科学』二五七ページ）と指摘している。

(30) レーニンは、革命前のロシアの砂糖シンジケートを例にあげ「国家は、すでにその当時、大資本家と金持の利益になるように生産を統制し規制していた」（㉕三六一）と述べている。

(31) ここで注意しなければならないことは、国家が支配階級の抑圧機関であるという国家の階級的本質といわゆる国家の経済的役割とを混同してはならないことである。独占資本家の国家も、一定の政治的経済的条件のもとでは、経済的役割からみて、国民に有利な「譲歩」をもたらすが、それにもかかわらず国家の階級的本質がなくなったり、いわゆる政治国家と経済国家との「国家の二面性」を意味することにはならない。

(32) ここでは、レーニンは無造作に、（1）私的所有の廃止と、（2）プロレタリア権力の樹立とを同列に並べている。前者の条件は、後者のそれにくらべて比較にならないほど困難であったことがロシア革命後の現実であった。

(33) 山口、前掲書、二五八ページ。

(34) 上田耕一郎「国家独占資本主義と憲法問題」(前掲『先進国革命論』所収)参照。

(35) たとえば、消費規制についてレーニンは、「反動的資本首位国家は労働者や一般に勤労者の自主活動を発展させるのをおそれ、彼らの要求を〝あおる〟のをおそれている。このような国家は、パンの切符制のほかにはなにも必要としない」(㉕三七三)と述べ、「真の消費規制」(同上)については、それらのゆがめられた消費規制を改造すること、そして大衆が「自分自身の経済の規制に自発的に参加すること」(㉔三二〇)等をあげている。国民大衆の参加の問題は、政治的民主主義のあり方とも絡みあった国家独占資本主義的規制のあるべき利用の重要な領域をなしている。

(36) こんにちの国家独占資本主義的規制の体系は、少なくとも、(1)いわゆる国有化などの直接的規制、(2)財政金融政策や産業政策などの間接的規制、(3)〝経済計画化〟からなりたっており、とくに(3)は資本主義経済に制約されているとはいえ、規制体系の核心となっているようにおもわれる。

(37) 政治的民主主義の成長とこんにちの先進国革命論とは深い関係があるが、さしあたりレーニンの次の指摘を手がかりにして検討する必要がある。「ブルジョア共和制、議会、普通選挙権——これらすべては、社会の世界的発展の見地からみれば、巨大な進歩である。(中略)そして、資本主義がはじめて、都市文化のおかげで、被抑圧階級であるプロレタリアに自分自身を認識する可能性をあたえ、大衆の闘争を意識的に始動しているあの世界的労働運動を、全世界で党に組織されているあの幾百万の労働者を、あの社会主義諸党をつくりだす可能性をあたえたのである。議会制度がなかったなら、選挙制がなかったなら、労働者階級のこのような発展は不可能であったろう。だからこそ、すべてこうしたことは、もっとも広範な人民大衆の目にきわめて重要なものとして映じるようになったのである。だからこそ、急変ははなはだしく困難なものとおもえるのである」（㉙四九四「国家について」）。しかし、レーニンの言葉を逆にすれば、民主主義的漸進はいちじるしく楽になったともいえるのである。

(38) レーニンは〝記帳機関〟としての大銀行を「社会主義社会の一種の骨格」（㉖九六）とみて、その職員の労働を「職員の大多数は、それ自身プロレタリア的または半プロレタリア的な地位にある」（同上）として、きわめて重視していたが、国家独占資本主義を民主的に利用する場合に、単に大銀行の職員にとどまらず、公務員やその他の会社員などを含めて管理労働者（いわばテクノクラート）の重大な役割を正しく考慮しなければならないだろう。池上前掲書、山口前掲書および『現代社会と知識労働』（新日本出版社）参照。また、やや異なる視点からではあるが、芝田進午氏の一連の著作（双書・現代の精神的労働5『公務労働の理論』一九七七年、青木書店など）も参考になる。

(39) もちろん、レーニンは国際的連関のなかで〝二つの現実〟がむすびついているとみている。たとえば、「ドイツで革命が〝おこる〟のが、まだおくれる限り、われわれの任務はドイツ人の国家［独占］資本主義を学ぶこと、全力をあげてこれを見ならうこと」（㉗三四三）などと述べているからである。

(40) 不破哲三「国家独占資本主義論における修正主義」（上田耕一郎・不破哲三『マルクス主義と現代のイデオロギー』一九六三年、大月書店、所収、一七〇ページ）参照。なお、論文「社会主義への道」（宇佐美・宇高・

島編『マルクス経済学講座』第三巻、一九六三年、有斐閣、所収、二四九ページ）で不破氏は、「物質の生産と分配に対する社会的規制の機構」（レーニン）をさして、「この機構は……独占資本主義段階で巨大な発展をとげた生産力とともに社会主義のための物質的準備の一環をなすものである」（同、二四九ページ）とより正確に述べている。

(41) いわゆる構造改革論争で井汲卓一氏らがレーニンのいう「物質的準備」を「社会主義的生産関係の準備」とみたのは、物質的なもの＝生産力というあやまった一面的な等式を物質的なもの＝生産関係と裏がえしにした見解にすぎない。

(42) たいへん奇妙なことは、経済改革については構造改革→社会主義という自然成長論をとる構造改革派の生産関係説が、レーニンとともに政治路線上では社会主義への一段階革命論を固執していたことである。それは、〝生産力→生産関係〟と〝土台→上部構造〟という二つの唯物史観のタームをレーニンの国家独占資本主義論の命題に教条的な適用をした必然的結果であり、その生産関係説が二重の意味での〝適応理論〟（池上惇）といわれるゆえんであろう。

(43) この問題の捉え方からも、こんにちの先進国革命論における当面の経済政策の相違が生まれているようにおもわれる。たとえば一方でフランス共産党は「先進的民主主義」路線にもとづき民主的国有化を前面におしだしている。他方、イタリア共産党は「構造改革」路線（現在では改名）にもとづき、民主的計画化を前面におしだしている。また、日本共産党の場合は、ほぼ両者の中間で「新しい民主主義革命」路線にのっとり、当面の再建計画として「民主的規制」（個別政策化をふくむ）および「民主的計画化」を重視しているが、これらの相違は一ノ瀬秀文氏がいうように、単に〝歴史的条件の差異〟だけに解消されるものであろうか。一ノ瀬、前掲論文、参照。

(44) ここでは「新ジャコバン派」と「フランス・ニューディール」との抗争から挫折したフランス人民戦線政府下の国家独占資本主義のことを必ずしも意味していない。そのためには今後の実証研究の成果をまたねばならない。フランス人民戦線の経済政策については、さしあたり、広田功「フランス人民戦線の政策路線に関する一考察」(『土地制度史学』第五四号、一九七二年、所収)参照。

(45) たとえば、最近のフランス共産党は「先進的民主主義」路線を新しい国家独占資本主義分析によって基礎づけようとしているが、その代表的ブレーンのひとりのP・ボッカラは、次のように述べている。「現在、国独資に許容されるマルクス主義理論があると言えるか。いな、私の知る限り、一般に許容される真の理論はまだ存在していない」(同「国家独占資本主義論の基礎」邦訳『新世界ノート』一九六七年一〇月号)。そこで理論家の試みとして、「民主主義的国有化および計画化によって新しい公的諸形態は反独占的方向に国民のために大きく発展させることができる。この条件のもとで革命的民主主義運動は徐徐に独占体を孤立させ破壊することに努力するであろう。そのとき、国家独占資本主義と帝国主義は分解の危機にみまわれるし、破壊される可能性がある。しかしこの仮定のもとで資本主義がなお存続すれば新しい民主主義国家の決定的な経済的役割のゆえに資本主義は民主主義的国家資本主義として特徴づけることが可能である……」(同上)と述べている。ボッカラの見解は本稿とかなり近似しているが、ここでいう〝国家独占資本主義〟と〝民主主義的国家資本主義〟との中間段階が現在の議論の焦点であり、その点でボッカラの見解は曖昧なところが多い。

(46) レーニンは、早くも論文「左翼的な児戯と小ブルジョア性」（一九一八年）において、資本主義から社会主義への社会構成体的移行期の問題に特別の理論的関心をしめし、「それ［移行という言葉］は、経済に適用する場合には、現在の体制のなかには、資本主義の諸要素、小部分、小片もあり、社会主義のそれもあるということを意味しないだろうか」（㉗三三八）と自問しつつ、革命後ロシアの「新しい経済的秩序」（同上）次の五つの制度（ウクラード）に、すなわち「（1）家父長的な、すなわち著しい程度に理想的な農民経済、（2）小商品生産（穀物を売る農民の大多数はこれに入る）、（3）私経営的資本主義、（4）国家資本主義、（5）社会主義」（同、三三八）に区分し、当時の経済状況を「小ブルジョアジー・プラス・私経営的資本主義が一緒になりひとつになって、国家資本主義とも社会主義とも闘争している」（同、三三九）と特徴づけた。

(47) レーニンは、革命直前においては、国家独占資本主義と社会主義との関連について次のようなややニュアンスの異なる微妙な説明をしている。すなわち「革命の情況のもとで革命の際には国家独占資本主義は直接に社会主義へと移行する」（㉖一六六、傍点は引用者。以下同様。）と述べ、革命後に「われわれはおそれることなく社会主義にむかってすすむであろう」（同上）と発言していた。

(48) それは通説のように、戦時共産主義からのたんなる一時的退却ではないとおもわれる。レーニンも次のように述べているからである。「直接に社会主義を建設するのではなく、幾多の経済分野で国家資本主義に後退しなければならず、強襲攻撃をおこなうのではなく、幾多の後退を伴う長期の攻囲という、きわめて苦しい、困難で不愉快な任務をはたさなければならない」（㉝八二）。なお、ネップをめぐる党内論争については、上島武『ソビエト経済史序説』（一九七七年、青木書店）を参照。

(49) もちろん、ひとつの問題は規制の〝程度〟についてであろう。晩年のレーニンは、「われわれは、かつて数多くの社会主義者にとってつまずきの石となっていた、私的利益、私的商業の利益と国家によるそれの点検および統制とを結合させる程度、私的利益を公共の利益に従属させる程度を今では見出している」（㉝四八三）と述べているが、新しい型の〝国家独占資本主義〟をどうコントロールするかは、〝程度〟の問題を発見することにもかかっているとおもわれる。そこに民主的な経済計画化の積極的意義があるのではなかろうか。

(50) レーニンは、プロレタリア国家による資本主義の規制がうまくいくかどうかは、「国家権力いかんにかかるばかりでなく、なおそれ以上にプロレタリアートと勤労大衆一般の成熟の度合に、つぎに文化の水準などにかかっている」（㉝一八二）と示唆に富む指摘をしている。なお、大衆参加の問題としては、さしあたりは、「新経済政策の諸条件のもとでの労働組合の役割と任務について」（㉝所収）および「協同組合について」（㉝所収）を参照。

(51) たとえば、レーニンは第四回コミンテルン大会でこう述べている。「近い将来資本主義に対して直接の攻撃に転ずる準備をしているすべての政党は、実践的見地からも、退却をどのように保障するかを、今考えてみなければならない」（㉝四三七）。

(52) 晩年のレーニンは、ロシア革命を回想して次のように喝破している。「私の記憶では、ナポレオンは《On S'engage et puis on……voit》と書いた。ロシア語に意訳すればこうなる。〝まず重大な戦闘にはいるべきで、しかるのちどうなるかわかる〟。そこでわれわれもまず一九一七年十月の重大な戦闘にはいり、しかるのちブレスト講和、あるいは新経済政策などのような発展の細目（世界史の見地からみれば、これが細目であることは、

## 図2-3 国家独占資本主義論視角の系譜

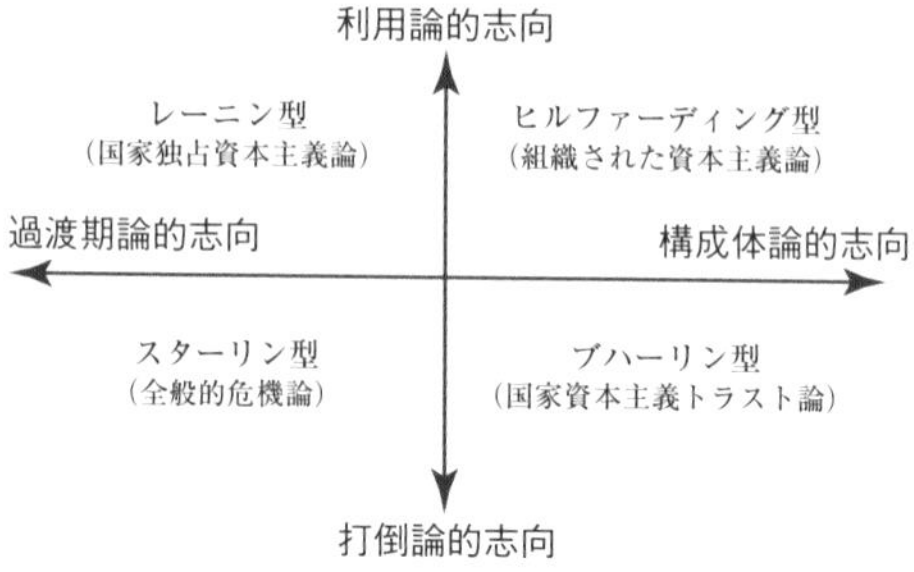


（注）縦軸は、国家独占資本主義を打倒の対象としてみるか利用の対象としてみるかの相違を、また、横軸は、国家独占資本主義を独自の社会構成体として捉える志向のつよいものか、あるいはあくまでも過渡期として捉える志向のものかをあらわしている。各論者が厳密にこの“理念型”にあてはまるものではないが、おおよその分類は可能である。

疑いない）がわかったのである」（㉝五〇〇「わが革命について」）。しかしこんにちでは、国民的関心は、この細目にむけられているようにみえる。

(53) 山口正之氏は、次のように述べている。「下部構造としての、国家独占資本主義の上部構造として〝真に革命的民主主義的〟政府を樹立することができる」（『経済科学としてのレーニン主義』二九八ページ）。

(54) 従来のマルクス主義による国家独占資本主義論をあくまでシェーマ的に分類すれば、おおよそ図2-3のようになろう。この図2-3については国独資論争史と社会構成体論争の双方について詳細な説明が必要だが、ここでさしあたり述べておきたい点は、従来の研究ではややもするとヒルファーディング型の系譜に属するとおもわれるK・ツィーシャンクなどの生産関係論がブハーリン型ないしレーニン型と区別されないままで議論されていたようにみうけられる。その意味では、かつての宇野弘蔵氏の論文「資本主義の組織化と民主主義」（『世界』一九四六年五月号）をも再評価する必要があろう。

(55) 従来の国家独占資本主義研究では、三〇年代以降におけるいわゆる国家独占資本主義の類型を、主としてニューディール型とナチス型に二大区分するにとどめてきたが、反独占的民主的国家型の新しい類型をもうひとつ別個に設定する必要があるのではなかろうか。

(56) 「モスクワ声明」(一九六〇年)は次のように述べている。「帝国主義の矛盾は、独占資本主義の国家独占資本主義への転化を促進した。国家独占資本主義は民族の生活に対する独占体の支配を強めつつ、独占体の力と国家の力を単一の機構に統合したが、それは資本主義制度を救済するため、労働者階級の搾取と広範な人民各層の略奪によって、帝国主義ブルジョアジーに最大限の利潤をもたらすためである」(『日本共産党綱領集』日本共産党出版部、二五ページ)。わが国の研究では、この打倒対象としての国家独占資本主義の命題をめぐる意欲的労作として、南克巳「〝帝国主義論〟と国家独占資本主義」(『土地制度史学』第二三号、一九六四年、所収)があげられる。

(57) 岡倉古志郎「国際情勢の現段階」(講座『現代日本資本主義』第一巻、一九七三年、青木書店)参照。

(58) 「社会構成体」あるいは厳密には「経済的社会構成体」(die Ökonomische Gesellschaftsformation)については、国際的国内的論争がある。たとえば、ラ・パンセ編集委員会編『史的唯物論と社会構成体論争』(邦訳、大枝秀一訳、一九七三年、大月書店)および藤田勇「〝社会構成体〟概念について」(同『法と経済の一般理論』一九七四年、日本評論社、所収)など参照。本稿では「社会構成体」とは「経済構造からみた社会の歴史的型」の意味で使用しているが、それについては独立論文を必要とする大きなテーマなので、別の機会にふれたい。

(59) 通常、資本主義の全般的危機の第何段階という区分があるが、それはしばしば危機の深まり(局面)の現状分析をはなれて、一般的に〝危機〟を強調する結果（童話の狼少年のような逆効果）になる危険性があろう。

(60) レーニンは必ずしも全般的危機の定式化をしなかったが、次の指摘は〝全般的危機〟を意味していたのではなかろうか。「戦争は、無限の危機を生み出し、人民の物質的および精神的な力をはなはだしく緊張させ、現在の社会組織全体に深刻な打撃を与えたので、人類は、ほろびるか、それとも、より高度な生産様式にもっとも急速に、もっとも徹底的に移行するために、自分の運命をもっとも革命的な諸階級にゆだねるか、二つに一つをえらばなければならなくなった」（㉕三九一）

(61) 斎藤稔『社会主義経済論 序説』（一九七六年、大月書店、九ページ）および、佐藤経明『現代の社会主義経済』（一九七五年、岩波書店）参照。ただしここでは、革命直後の特殊な過渡期を含めて「後進的社会主義」（斎藤稔）あるいは「前期的社会主義」（佐藤経明）のことをほぼ示している。

(62) 一ノ瀬、前掲論文、参照。

(63) 岡倉、前掲論文、参照。先進国革命の人類史的意義を展望しつつ、これからの国家独占資本主義研究は、アメリカ合衆国の役割はもちろん、開発途上国を含めた国際経済の体系と国家独占資本主義との連関を守備範囲にとりこんでいかねばならないだろう。

# 《補遺》ソ連型社会主義の生みの親――レーニン

## はじめに――学者的革命家としてのレーニン

いうまでもなく、マルクスの経済思想は巨大な影響力をもっていただけに、有力な理論的後継者には事欠かなかった。そのなかでも最も著名な後継者はといえば、なんといっても世界で最初の「社会主義革命」、ロシア革命を成功裏に導いたレーニンであろう。レーニン（一八七〇～一九二四）はペンネームでレナ河の人という意味で、本名はウラジミール・イリイチ・ウリャーノフというロシアの大革命家であり、弁護士から政治家になった人である。彼はマルクスのような「革命的」学者ではなかったが、マルクス主義を強烈に信奉する精力的な勇気ある「学者的」革命家であった。

私はその点ではレーニンはコペルニクス説を信奉してアメリカ大陸を発見したコロンブスに似ていると思う。というのも彼はマルクスの経済発展説に従って必ず社会主義革命がおこると信じてロシア革命を指導し、いわゆる社会主義政権を人類史上初めて樹立させたからである。しかし後になってわかったように、西インド諸島が決してインドの一部でないように、ロシア社会主義政権は厳密にはマルクスやエンゲルスが想定していた社会主義社会には、かなり縁遠い存在（あるいは似て非なるもの）であったからである。ちなみにレーニンは、革命後きわめて率直にこう述べている。

「どんな共産主義者も〝社会主義ソヴィエト共和国〟という表現が社会主義への移行を実現しようというソヴィエト権力の決意を意味するのであって、けっして新しい経済的秩序を社会主義的なものとみとめることを意味するのではないということを、一人として否定しなかった[2]」。

そこでまったく架空の話だが、南アメリカを南下して太平洋コースでインドに行ったマゼランたちのような人物が将来でてきて、平和裏にいわゆる先進国革命が成功すれば、レーニンはますますコロンブスに酷似してしまうことになろう。しかし、社会主義者の期待に反して、なかなかそうなりそうもないようである。

いずれにしても理論と実践の両面におけるレーニンの八面六臂の活躍がなければ、後進国ロシアで「社会主義革命」があんなに巧妙にかつ強引に実現したかどうかに疑問をもつのは私だけではないだろう。

そこで以下、彼の革命路線との関連で、レーニン独自の経済思想について、彼の国家独占資本主義論を中心に紹介し、次いで社会政策や生活防衛をめぐる福祉システム観を探ってみたい。

## 1　国家独占主義論――レーニン

すでにみたように、レーニンはまずなによりも革命家であったが経済学史上での貢献は、必ずしも小さくないといわれている

彼の生涯の時期区分に従い、その貢献を三点あげれば、次のようであろう。

第一に、青年期においては『ロシアにおける資本主義の発展』（一八九九年）に代表される資本主義発展史論がある。

第二に、壮年期においては『帝国主義論』（一九一七年）に代表される世界経済論があげられる。

第三に、晩年期においてはその政治的活動の忙しさ故に、必ずしもまとまった著作はないが、ソビエト社会主義建設をめぐっての新経済政策論などがあげられよう。

本書は経済思想と社会福祉システムとの関係についてを課題にしているので、第一の資本主義発達史論では、資本主義の発展との関係での社会政策の位置づけなどで、また第二の世界経済論では、いわゆる南北問題や先進国と発展途上国との国際経済上の問題などで、むしろ第二次大戦後の福祉を政策研究面で多少の影響を与えたことを指摘するだけにしておこう。

福祉システム観との関連で私がとくに興味深いのは、ロシア革命直前から、革命後の新経済政策（いわゆるネップ）にいたるまで一貫して、レーニンが国家独占資本主義について議論していること

である。ちなみにネップとはロシア革命後に一九二一年三月ロシア共産党が十月大会で正式に採用された新経済政策で、商工業の振興と市場機構の創造活用が中心課題とされたものである。

周知のとおり、国家独占資本主義という用語については、福祉国家や社会政策の位置づけをめぐって、わが国の社会政策研究者が一時期、大変愛好して研究したキーコンセプトであったこともあるようである。しかし、その意味内容については、案外、曖昧模糊《あいまいもこ》として今日にいたっており、次第に死語として使用されなくなってきている。

さて、レーニンが国家独占資本主義という用語をおそらく最初に使用したのは、ロシア革命を前にした一九一七年四月のロシア社会民主労働党（ボルシェヴィキ）第七回全国協議会においてであるとおもわれる。そこでは、次のように述べられている。

「独占資本主義は国家独占資本主義に移行しつつあり、情勢の圧力のもとに、生産と分配にたいする社会的統制が幾多の国で実施されており、その一部の国では、全般的な労働義務制に移りつつある」(3)と。この国家独占資本主義に関する規定は、レーニンがつづいて述べているように「世界資本主義経済の諸条件を特徴づけ」、さらに「社会主義を跳躍としてではなく、現在の崩壊からの実践的活路」としてロシア革命の戦略目標を導きだしているのである。こうして、この規定は、その後、一九一七年九月において、次のように定式化された。少し長いが引用する。

「戦争は独占資本主義の国家独占資本主義への転化を異常にはやめ、それによって、人類を社会主義にむかって、異常にちかづけたが、これこそ歴史の弁証法である。帝国主義戦争は社会主義革命の前夜である。そしてこれは、戦争がその惨禍によってプロレタリアの蜂起を生み出すからだけではなく——もし社会主義が経済的に成熟していないならば、どのような蜂起も社会主義を生みだしはしないであろう——、国家独占資本主義が、社会主義のためのもっとも完全な物質的準備であり、社会主義の入口であり、それと社会主義と名づけられる一段のあいだにはどんな中間的段階もないような歴史の階段の一段であるからである(4)」。

しかし、他方レーニンは、革命後二ヵ年の苦い経験をして、前言とは矛盾して、次のようにも述べている。

「実生活は、われわれの誤りをしめした。一連の過渡的段階が必要であった。すなわち、共産主義への移行を準備する——長年にわたる努力によって準備する——ためには、国家資本主義［このことでは国家独占資本主義と同義—引用者］と社会主義とが必要であった(5)」と。

たしかに、このような国家資本主義を必要とする過渡的段階は、社会主義にとっては「小農民経済から国家資本主義を経て社会主義に導くような、まさにそのような矛盾」といわねばならないものであろう。

そしてネップ期には、市場機構の創造と活用が「わが社会主義発展の過渡的諸形態における〝環(6)〟」であるとさえ指摘しているのである。

以上、レーニンの国家独占資本主義の位置づけが社会主義入口論から社会主義発展論に次第に「修正」されていくこともみたが、それはともかくここで国家（独占）資本主義の定義について私なりに述れば、国家に規制された（独占）資本主義（いいかえれば国家プラス（独占）資本主義[7]）と明言できる。レーニンは国家の総括的役割（統合システムとしての役割）をきわめて重視していた。社会主義革命以前の民主主義革命においても、国家独占資本主義の活用の必要性について重要なことは、例えば次の指摘、すなわち「反動的＝官僚的規制を革命的民主的規制に変えることだけである[8]」とさえ述べているからである。レーニン自身は国家独占資本主義自体を悪玉にしておらず、むしろ進歩的なものとみているふしがみられる。

第二次大戦後、先進資本主義諸国において、必ずしも革命的ではないが、改良主義的な国家による民主的規制によって、国家独占資本主義を基盤として西欧福祉国家が誕生する可能性を積極的にみとめ、前むきに評価することは、むしろ晩年のレーニンの右にみた経済思想にかなっているのではなかろうか。

にもかかわらず通常、レーニン主義に「忠実」なマルクス経済学者の一部は、国家独占資本主義を打倒の対象とみて、あいかわらず西欧福祉国家の本質は国家独占資本主義だからけしからんとだけみているようである。

## 2　社会改良の急先鋒としてのレーニン

一般にこれまでマルクス主義者は、社会主義社会になると、社会保障が必要なくなるとか、あるいは逆にいわゆる福祉政策が真に実現すると考えていた。その点ではレーニンは後者の立場に立っていた。例えば「真の婦人解放、真の共産主義は、（中略）この家内経済（女性と子どもを台所にしばりつけることの意）の大規模な社会主義への大量の改造がはじまるところで、またこのとき、はじめて開始される」[9]とさえ述べている。

さらにレーニンは、ロシア革命直前後から婦人解放や児童福祉のための諸施策を積極的に推進した実績をふまえ、次のように述べている。少し長いが引用してみよう。

「公共食堂、託児所、幼稚園――これこそ共産主義の芽生えの見本であり、これらの指導的な、日常的な、仰々しい、誇大な、もののしいことをすこしも予想しない手段こそ、実際に婦人を解放することができ、社会的生産と社会生活ではたす役割のうえでの、婦人と男子との不平等を実際に少なくし、これを無くすることができる手段である。これらの手段は新しいものではなく、（中略）大規模な資本主義によってつくりだされたものである。だが、資本主義のもとではこれらのものは、第一に、稀有なことであり、第二に、――とくに重要なことであるが、――投機、もうけ、詐欺、いかさまなどの、あらゆる最悪の面をそなえた小商人的な企業であるが、でなければ、すぐれた労働者がにくみさげすむのも無理のない〝ブルジョア的慈善のかるわざ〟であるかだったのである[10]」。

しかし、レーニンの厳しい予想に反して、第二次大戦後には福祉国家の誕生によって、資本主義社会においても保育施策などの積極的実施がなされたのである。今日、レーニンが生きていたら、こうした施策を共産主義の芽生えとすると、戦後日本資本主義のわが国は偉大な社会主義社会と間違えるにちがいないだろう。ただ、自由競争における私企業によるベビーホテルなどの問題性や慈善事業の限界性についての彼の指摘は、今日でさえなかなか卓見であるといわざるをえない。

また他の例をあげると、革命直後のボランティア活動であった「共産主義的」土曜労働、すなわち、勤労者が報酬をあてにせず自発的に公共の利益のために、土曜日に地域社会で働くことを「偉大な創意[11]」として高く評価している。

この点は、福祉的活動については社会主義社会ではすべて国家が面倒をみるべきだと考えている我が国のマルクス主義の立場にたつ教条主義的政策論者にぜひ聞かせたいものである。

レーニンはこの土曜労働にみられる勤労者の創意を「大きなものに到達するためには、まず小さなものからはじめなければならない。また、他方では、〝大きなもの〟ののち、資本家の所有制をくつがえして権力をプロレタリアートにわたし国家的変革ののちには——新しい基礎にもとづく経済生活の建設は、ただ小さなものからだけ、はじめることができる」と述べ、そこに「プロレタリアートの勝利の保証」をみた。ちなみに、二十一世紀の高齢社会を展望して、人生八〇年型〔今や人生一〇〇年型〕社会システムに既存の社会システムを切り換えていく際にも、各種のボランティア活動や福祉施策のキメ細かい、小さな改善も不可欠である。

さらにレーニンは革命後における労働組合や消費者協同組合の民間団体の役割についても「共産主義の学校」という積極的な位置づけをし、労働者国家による資本主義の規制がうまくいくかどうかは、「国家権力をいかんにかかるばかりでなく、なおそれ以上にプロレタリアートと勤労大衆の成熟度合に、つまり文化の水準などにかかっている[12]」と示唆に富む発言もしている。今日、さきのボランティア活動に加えてこれら非営利の民間活動の役割は、福祉国家の土台としての参加型福祉社会の形成にとってきわめて重要なものと位置づけられている。

いずれにしても、あの膨大な『レーニン全集』を紐解くまでもなく、革命後のレーニンは必ずしもマルクスやエンゲルスの古典的命題から杓子定規に出発せずに、ロシアの現実を直視して、かなり自由で大胆な発想からの発言をしている。マルクスについて初期と後期を厳密に区別する社会主義研究者が、レーニンについてはまったくそうせずにいるのは奇異である。革命前のレーニンと革命後のレーニンを明確に区別して、むしろ彼の経済思想と福祉システム観との関係を探った方が賢明である。とくに晩年のレーニンはネップの経験をふまえて、「我われは、かつて数多くの社会主義者にとってつまづきの石となっていた私的利益、私的商業の利益を国家によるそれの点検および規制と結合される程度、私的利益を公共の利益に従属させる程度をいまでは見出している」[13]と豪語している。こうした指摘は今日、社会福祉における公私関係を考えるうえでも、より具体的には、シルバーサービスやボランティア活動を組み入れた福祉政策を構想するうえでも、多少とも参考になるかもしれない。

## 3 むすびにかえて

もはや紙幅の制約で多くを語れないが、その生涯を通じてレーニンは、まことに自分に都合よく、マルクス主義の後継者を「正統」と「異端」とに分け、絶えず自分を正統派におきながら、ベルンシュタインやカウツキーなどの見解を「異端」として厳しく批判している。ベルンシュタイン（一八五〇～一九三二）はドイツの社会主義者であり、暴力的な社会革命を否定し、議会政治による漸進的な社会主義実現を説いた人として知られ、またカウツキー（一八五四～一九三八）はドイツの経済学者かつ歴史家であり、政治家として第二インタナショナルおよびドイツ社会民主党の指導的理論家であった。彼らは社会民主主義を擁護し、レーニンにこっぴどく批判された。レーニンは彼らを「背教者」「ペテン師」「裏切り者」などその中傷悪態はまことに口ぎたなく、彼は、誹謗中傷の面では明らかに稀にみる天才であった。

レーニンにおいては、カウツキーらによるロシア革命に対する「内政干渉」的発言への反論を別とすると、ドイツの社会民主主義がそれなりに理解していたような改革主義の真意や歴史的社会的背景が必ずしも理解されていなかった［ようにみえる］。

とりわけ、レーニンのみならずロシアの社会主義者にはおしなべて民主主義の土壌がそれなりにそだっている西ヨーロッパにおける現実的改革主義の萌芽を軽視した見解が目につく。その典型はレーニンの「後継者」となった独裁者＝スターリンである。スターリンはグルジア人。本名はジュガシビリといい、ギリシャ正教の神学生だったが、革命に参加する中で、鋼鉄の人（スターリン）と自ら命名し、ボリシェビイキの事務局中枢で権力を次第ににぎった人である。彼は「マルクス主義のスラブ化によるプロレタリア独裁」と「プロレタリア国際主義」を主張し、それを否定する国際的な現象として、あらゆる改革路線を修正主義、「人民の敵」として一括して拒否した。理論的修正と戦略上の意見の相違の次元を同一視し、ことごとく人民の敵として抹殺した致命的欠陥、政治犯罪も否めないのである。

こうした政治主義的偏向はいかなる社会主義といえども是非とも避けてもらわなければならないものである。マルクス・レーニン主義という不可解な言葉が一時期、世界の社会主義者の頭を支配したことがある。レーニンをマルクスの正統な後継者と無知な大衆に信じさせてレーニンを神格化することが、レーニンの後継者としてかの独裁者スターリンの神格化の出発点であった。それがまた、レーニン死後にスターリンの『レーニン主義の基礎』（一九二三年）などでの悪魔の仕掛けであったことを歴史の血の教訓から我々は忘れてはならないだろう。

（初出）「（ゼミナール）経済思想と福祉システム⑥——レーニン」『月刊福祉』（一九八七年一二月号）

## 注

(1) 主著は「ロシアにおける資本主義の発展」(国民文庫版、全集第三巻)、「帝国主義論」(岩波文庫版、国民文庫版全集第二二巻)『国家と革命』(岩波文庫版、国民文庫版、全集第二五巻)。
(2) 全集第二七巻、邦訳三三八頁。
(3) 全集第二四巻、三一三頁。
(4) 全集第二五巻、三八六頁。
(5) 全集第三三巻、四五頁。
(6) 全集第三三巻、一〇三頁。
(7) レーニンは「資本主義の巨大な力と国家の巨大な力とを単一な構想に結合する」(全集第二四巻、四二九頁)とも述べている。
(8) 全集第二五巻、三六一頁。
(9) 全集第二九巻、三八五頁。
(10) 同三九六頁。
(11) 全集第三〇巻、四八二頁。
(12) 全集第三三巻、一八三頁。
(13) 同四八八頁。

## 《解題》

本論文は『現代と思想』（青木書店）で創設された戸坂潤賞の第5回に応募したものである。

内容的には、先進国革命論にとって重要な検討課題の一つが国家独占資本主義（以下、国独資と略す）をどう捉えるかであることから、その概念の提唱者であるレーニンの原典に立ち返り、例えば当時のフランス共産党のようにブハーリン流に国家独占資本主義を打倒の対象とするのではなく、民主的革命的規制の利用対象とすることを結論づけたものとなっている。この考えは、日本共産党の『日本経済への提言』（一九七七年）における日本経済への民主的規制と自主的計画化につながっている。

ただし本論文は残念ながら戸坂潤賞の受賞作とならず一人佳作になった。それはそれで名誉なことだが、戸坂潤賞委員会（委員長＝古在由重）の「発表にあたって」の評価には大いに疑問があり、選考日に古在氏にもはっきり申し上げたことだが、以下の4点に誤ちがあることは記しておきたい。

第1に、私の見解が第一次大戦時の戦時国独資をレーニンに依拠して直ちに「国独資の確立」とする見解として批難されている。しかし、私は、あくまでレーニンの見解を紹介しているだけで、自説であれば管理通貨制や新たなる国家の規制に言及すべきところは禁欲していることが無視されている。

第2に、国独資の定義が国家が機制する国家独占資本主義という一般的規定があまりにも抽象的・

一般的にすぎないのではないかという批判である。しかし私は何も一般的な国独資研究を行っているわけでなく、先進国革命との関連で論じているのである。そこで各国の国独資の歴史的変容を具体的に分析する以前の理論的作業として一般的規定をまずもって抽出することがまず重要で、それにより国独資の民主的革命的な規制という先進国革命の展望を行うことができたのである。

第3に、レーニンの国家資本主義と国独資論を短絡させているという批判である。これは本文を読めばわかるように、レーニン自身がしばしば混同して論じていることで、むしろ私は明確に区別している。

第4に、構造改革論やユーロコミュニズムに甘いという批判があるが、本文を読めば分かるように、それらの思想の一段階革命論という「躓きの石」を示唆しているのである。

以上を明らかにした上で、私は若い頃からソ連派のマルクス・レーニン主義という誤った思想に染っておらず、本論文ではレーニンの長所・短所を弁えて論じているつもりである。補遺のレーニン論を参考にされたい。なお、この国独資論は私にとっては次章の『日本経済の提言』の理論的なバックボーンとなっている。

ただし、その後の学問的関心は、社会保障・社会福祉となったことから、マルクス主義的な国資論にはほとんど言及せず、また福祉国家論にも深入りせず、より政策科学的な具体的議論に移行していったことは告白しておきたい。

# 第3章

## 「古い思想」の孤独な抵抗

### ――『公明』誌上の鶴田俊正氏の批判に対して

# はじめに

日本共産党の『日本経済への提言――危機に挑戦する再建計画』(一九七七年六月、以下『提言』と略す)は、国民的共鳴といってよいほどの大きな反響をジャーナリズム、学者、大衆運動、行政など国民各界によびおこしている。それは、『提言』があるべき日本経済の将来像を創造的に模索し、また昨今の経済危機で苦しむ国民の要求に適切にこたえたものであること、と同時に、そこで示された日本経済の現状分析や計画手法などがマルクス経済学派の従来の制約をある面でのりこえ、近代経済学の分析手段をも駆使したきわめて斬新なものであったことにもよると思われる。「真に革新的で実現可能な日本経済再建のプランをより具体的により体系的に提示する」(『提言』五ページ)という課題は、ほぼ達成されており、「野党には政権担当能力がない」という自民党筋の風評が少なくとも共産党についてはもはや成立しなくなっている。

また、『提言』は日本共産党の今後の発展にとってもひとつの記念碑的文書となろう。というのは革命の展望を明らかにした一九六一年の政治綱領(プログラム)の決定から、それをふまえた六〇年代以降の諸政策(ポリシー)のめざましい展開をへて、さらに民主連合政権の運営に必要不可欠な経済計画化(プランニング)の新たな段階にさしかかっていることを象徴していると思われるからである。

## 一　偏見と独断に満ちた鶴田論文

とりわけ『提言』の計画的分析をめぐって、ジャーナリズム界では「一般的に政策立案能力がないといわれる野党のなかで、これは最初の本格的な試みであり、その努力は高く評価できる」（『読売』七七年六月十六日付）などと報道され、また近代経済学界からは第一線の計量経済学者、内田忠夫氏が「これからの日本経済のあり方については、足が地に着いた議論というか、あるいはより責任ある議論というか、そういうものがかえってできる雰囲気になってきた」（『エコノミスト』七七年七月十九日号二四ページ）と好意的に批評していることは注目に値する。

しかしながら残念なことに国民的共鳴といってよい大方の前むきな評価とはまったく異質な、日本共産党への生理的反感を含む後むきな評価がごく一部には存在している。そのような不協和音をかなでるものの一人に鶴田俊正氏（専修大学助教授、国民経済協会主任研究員）がいる。氏は、経済成長率七パーセント台という自民党顔負けの高度成長線を前提にした公明党の『生きがいとバイタリティのある福祉社会トータルプラン』の作成に参加したというエコノミストであるが、最近、公明党の政治理論誌『公明』（七七年九月号）誌上に「全面的統制の経済分析――システム・デザイン力の貧困」（以下鶴田論文と略す）と題する『提言』批判をふたたび公明党の期待にこたえてか、執筆している。もちろん『提言』への真剣な検討や学問的批判などは、共産党自体が大いに歓迎するところであろう。

「われわれは理論的・思想的立場のいかんを問わず、各方面の真剣な検討を期待したい。そのうえで率直、積極的なご意見、ご批判をぜひいただきたい」(『提言』九ページ)とのべられている通りである。だが、この鶴田論文の特徴は「真剣な検討」の痕跡がまったくみられず、いわゆる偏見と独断にあふれたもので、『提言』を読んでいない人たちには誤った印象を与えるだけの酷評となってさえいる。その点では、さきの『公明』誌上に同時掲載されている『提言』をめぐる他の二論文、すなわち内田忠夫「日本経済の再建は可能か」や高木郁朗「観念と現実の狭間で」と比べて、『提言』の前むきな評価についてはもちろんその詳細な検討作業や理論水準の高さにおいてもかなり趣きをことにしていることはたしかである。

さて鶴田氏の論評は要約すると次のようである。すなわち第一に日本共産党の『提言』は、なるほど近代経済学の分析手段を駆使して「装いは新たにしているが背景にある思想はあまりに古く」、おそらく「マルクスを超克する試み」をおこなっておらず、「多分に便宜主義的な取り組みで終始していたのではなかったか」ということ、第二に、『提言』の物価対策は、結果として「市場に対する全面的な介入」が不可避となり、したがって民主的規制という言葉をいくら使っても全面的な統制経済を志向する共産党の体質、いわば「衣の下に鎧を着ていた事実」をかくせないということである。そこで共産党の政権になると「警察国家をつくりあげるのではないか」とのべている。このような、やや最近の反共シフトに便乗する鶴田論文にはこの他にも農業政策や中小企業についての見解など検討すべき個所は相当みうけられるが、本稿ではこの二つの論点にしたがって詳しく検討してみよう。

## 二 「マル経」か「近経」かの対立図式に固執

鶴田論文の冒頭では、右の第一の問題について次のようにのべられている。「経済現象を分析するための道具」である経済学は「公共的な財産」であって、いかなる団体や個人が「どのように活用するかは全く自由」であり、したがって近代経済学を利用してもよい。しかし共産党については例外である。〝マルクス＝レーニン主義〟（科学的社会主義のことか?）を掲げている共産党が『提言』にみられるように近代経済学の分析手段を駆使する場合には、まず「マルクスを超克する試みを行っていなければならない」というのである。このように科学的社会主義に立脚する共産党への無理な相談は、結果的には近代経済学を利用してはならぬという理論上の統制を主張することになろう。

この鶴田氏の意見は、その本質において近代経済学が「ブルジョア経済学」であるから革新のための経済分析には使えず、ましてマルクス経済学を武器としている共産党がそれを使うのはおかしいという一部の硬直した見解と同様である。そこで氏が「なぜマルクス経済学の分析手段をもっと駆使した『提言』を発表することは出来なかったか」と非難するもうなづけよう。しかしこの種の見解は、科学的社会主義の立場からみると、「近代経済学からその価値ある部分を摂取する」ことを忘れることによって「現実の焦眉の問題を究明するという課題から遊離した非実践的なもの」（川上則道「〝日本経済への提言〟と計量分析」『赤旗』七七年九月十四日付）となるといわねばなるまい。

しかも鶴田論文の場合には、マルクス経済学と近代経済学の双方について、その理論的知識が「貧困」であることがそれに拍車をかけているように思われるのである。というのは、たとえば近代経済学でよくつかわれる「資本係数」と『資本論』でいう「資本の有機的構成」との関係について次のように『提言』を非難しているからである。「わざわざ〝資本係数〟などといわずにマルクス経済学の主要タームである〝資本の有機的構成〟ではなぜいけなかったのか」と。ところが多少とも理論経済学の素養のあるものにとって、この両概念が量的にはもちろん質的にも相当にちがうことは明白なのである。ちなみにマルクスは『資本論』第一巻で「資本の価値構成（不変資本Cと可変資本Vとの比）を、それが資本の技術的構成（生産手段の量と労働量との比）によって規定され、その諸変化を反映するかぎりで、資本の有機的構成と名づける」（国民文庫第十分冊一四二ページ、カッコは引用者）とのべ、「資本の有機的構成」（C／V）が景気循環にともなって短期に変動をするものではけっしてなく、資本蓄積にもとづく生産力の発展につれて長期的に高度化していくものとみている。

他方、「資本係数」についてはさしあたり市場価格タームでみた資本（C）と産出量（C＋V＋M）との比率といえる。しかも現在の官庁統計では「資本係数」は、資本を原材料をふくむ生産手段（＝不変資本）ベースではなく設備投資ベースで把握されており、とくに限界資本係数は新規設備投資と産出量増分との比率となっている。したがって「資本係数」は、マルクスの「資本の有機的構成」とは異なった内容をふくんでいる。それは、たんに生産力の長期動向を知るばかりでなく、景気動向を測定するうえで重要な経済指標となっているわけである。その意味では「資本係数」はただ便宜的なわかりやすい用語ではなく、「資本の有機的構成」よりも、より具体的な次元での概念だといえよう。このように考えてくると鶴田論文における先の非難は、マルクス経済学と近代経済学の双方における理論的知識不足をはからずも露呈してしまった結果となっていたことがわかる。

『提言』で「限界資本係数」という用語がどのように使用されているのか。たとえば引用してみると、これからの技術開発など生産力発展を展望するに際して、公害防止設備などの投資が以前より増加することにより、「いわゆる限界資本係数〔(注) 設備投資をその設備投資による供給能力の増でわった係数〕がふえることになるが、このこと自体はやむをえないことである」(『提言』九四ページ)とのべている個所である。この大変わかりやすい部分にたいして「共産党は、〝資本の有機的構成〟というマルクスのタームが現状分析を行うに際して適用不可能であることを自覚してのことなのか否か」と目くじらをたてて攻めたてることはあまり意味がないとおもわれるのだが……。

もっとも以上のように鶴田氏が『提言』の分析手法に非難をあびせているからといって、氏が、共産党が近代経済学に屈服したという、見解を必ずしもとっていないことには若干の注意を払わねばならないだろう。要するに「背景にある思想はあまりに古く……どうも一時代前の感覚から全く脱皮していない」等々とのべ、本質はマルクス経済学であり、『提言』は「便宜主義的な取り組み」の所産だというのが氏の独特の主張なのである。したがってまた鶴田論文では、その結びとして、オックスフォード大学の経済学者、M・ケイザーの次の言葉を引用している。

「レーニンにとって不幸であったのは、マルクスの経済理論がケインズによって完成される以前に社会主義政府を指導せねばならなかったことである。一九一七年のソビエトの革命家たちは、私的資本主義を清算するというマルクス主義的弁証法への信頼によって導かれていたのであり、資本主義的手続きが共産党レジームに適用可能であると承認することが出来なかった」(岩田昌征他訳『現代ソヴエト経済学』一九七四年、平凡社、八ページ)。

しかしながら、ここでは、ケイザーの見解自体の検討はさけるとしても、あたかも現在の日本共産党が「マルクスがケインズをとりこんだ」ともいわれる『提言』を世に問うた時期に、半世紀以上も前のロシア革命期のマルクス経済学的レベルだといいたいあたりはいささか偏見の度がすぎており、まともに『提言』を検討したとも思われない。

『提言』をめぐるこのような少数意見にたいしても、ここで強調しておきたいことは、科学としてのマルクス経済学は決して固定したドグマではありえず、マルクスの『資本論』で終えんしたのではなくて反対にその出発点がおかれたのであり、レーニンの『帝国主義論』はもちろん、その後の諸研究によって発展してきたのであり、現在もなお発展しているものであることである。さらに敷衍すればあたかも、〝マルクス・レーニン主義〟という名称が科学的社会主義の今日的水準からみて不正確であるのと同様に、いわゆる〝マルクス経済学〟も厳密にいえば、マルクスの経済理論に立脚した〝経済科学〟ともいうべきものであり、またそれは、今日の時代では、近代経済理論の誤ったイデオロギーとたたかいつつも、現実の経済現象をそれなりに反映している近代経済学の価値ある部分を摂取することぬきに、〝経済科学〟の豊かな科学的発展はのぞめないのではないかと思われる。かつては「マルクス経済学」を学んできたといわれる鶴田氏にはこのような把握はありえず、マルクス経済学か近代経済学かという一時代前の貧弱な対立図式が絶えず念頭からはなれないようである。むしろ、さきのケイザーの見解はこのような硬直した図式にこそあてはまるのではなかろうか。

## 三　物価安定の試算を統制経済よばわり

さてここで、さきの第二の問題について、すなわち経済再建計画が、その第一の柱である物価安定政策にうかがわれるように、「市場に対する全面的介入」を不可避としており「統制経済」となるという議論を検討してみたい。

まず問題の所在を明らかにしておくために『提言』における《物価安定の戦略》の骨子をはじめにふりかえっておこう。すなわち、第一に、最初の二年間は不況対策などとのかね合いを考慮して消費者物価を預貯金の目べりを防げる程度（五〜六ページ）を目標として、これにひきつづき最終的に二〜三パーセントまで引き下げるという〈物価安定の目標〉、第二に（1）大企業の独占価格にたいする規制（2）公共料金の引き上げ規制（3）通貨の総量規制によるインフレ抑制、および（4）生鮮食品価格安定のための流通対策という〈物価安定の基本政策〉、第三に、この基本政策によって物価安定の目標が実質賃金の引上げや農業・中小企業の所得保障と斉合性をもつかという〈物価安定の見とおし―その試算〉が、それである。

　鶴田論文は、この物価安定政策における最後の項にのみ注目し、そこでの計量的分析、すなわち当面二年間は名目賃金上昇率を一〇パーセントとして、（a）農業・中小企業の製品価格を年一〇パーセントあげる（b）公共料金は凍結する（c）大企業製品の価格引き上げを抑制するという〈物価安定の見とおし〉の試算例を、物価対策の「手段」と読みかえつつ「こうした物価対策を実施するためには、〝計画的な物価安定対策はいわゆる統制経済的な政策ではない〟という但し書きが『提言』にあるにもかかわらず、しかし統制的な、直接介入を実施しない限り実現不可能なはずである」と結論づけている。それは「次の三つの理由に基づく」という。その第一の理由は、「農業・中小企業製品の価格を、再生産費をつぐなえる適正な収益・所得を実現するために年間一〇パーセント上昇させるという発想自体が『市場』の否定であり、全面的な直接介入を不可避とする」というものであり、第二の理由は、「大企業製品の価格引下げないし価格規制も〝市場機構〟を否定して、統制的・指令的介入が不可避である」というものである。また第三の理由として、名目賃金上昇率一〇パーセントという目標も「労働市場に対する直接介入も不可避となる」という点をあげている。つまり、共産党の計画的な物価安定対策をさしあたり度外視しても、（1）農業・中小企業の製品市場（2）大企業製品市場（3）労働市場のいずれからみても、「市場」を否定して、その直接介入を不可避とするから、それは全面的統制経済を意味するというわけである。

以上のような乱暴な議論には多くの問題点がふくまれていると思われるが、少なくとも以下の二点については明確にしておく必要がある。

その第一は、すでにふれたように、鶴田論文が、《物価安定の戦略》の試算例を物価安定の基本政策とかってに置き換え、その計量的分析における価格目標値、いわばガイドラインを絶対的な不変の目標値に曲解して議論していることである。ところが『提言』では、真の〝ガイドライン〟(政策目標値)というものが今後、国民各階層の意見と専門家の検討によって、民主的科学的に決定されるべきであるという含みで慎重に〝ガイドライン〟という言葉そのものもさけており、先の目標値が真の〝ガイドライン〟設定へむけての「目やす」として提出されている。つまり直接的には物価政策のいわゆる斉合性を計量分析するための変数として取り扱われていることである。しかも、『提言』は共産党単独政権下での経済再建計画としてではなく、民主連合政府におけるそれであって、また部分的には現在のような政府でもやる気になればできる政策としてだされているのである。

それにもかかわらず鶴田論文では、この目標値を個々の取引分野についても画一的に決定される統制値にまつり上げ、したがって、そのようなことは資本主義的な市場機構を前提にするかぎり不可能であり、共産党の物価安定政策が実現されるならば、たとえば農業・中小企業の製品の価格上昇率一〇パーセントを保証することは、「すべての取引きに共産党が介入せざるを得ず、統制経済以外のなにものでもない」と極論するのである。これで鶴田氏は、『提言』ではまったくのべられていない仮

**図3－1　物価安定のための価格政策と通過管理による効果**

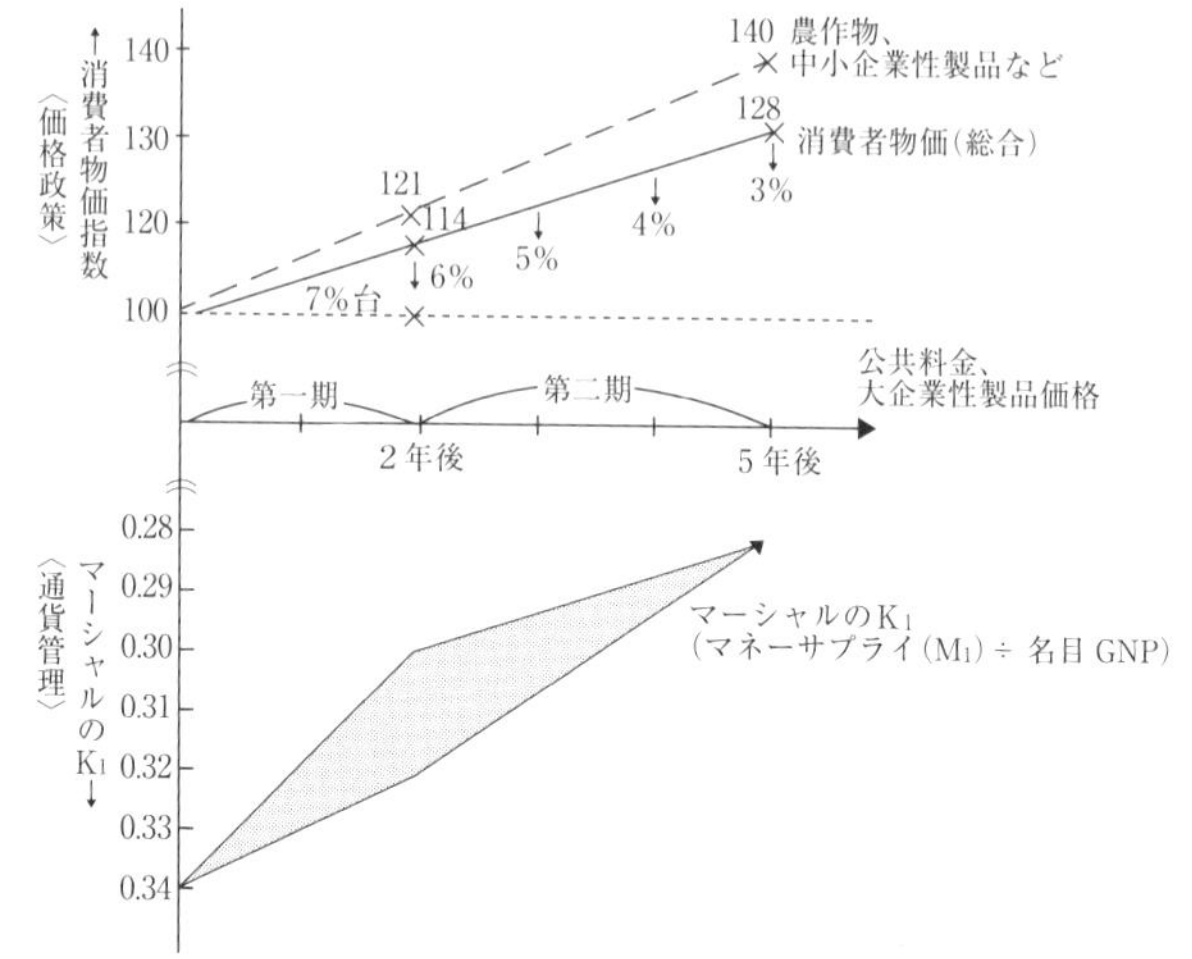


（出所）『日本経済への提言』149ページ。
（注）
1．上図の消費者物価（割合）の3～6％という数字が『提言』（初版）では、3.1～6.1となっているが、明白な誤植であろう。
2．内田忠生氏は再建計画の第1期（最初の2ヶ年）について「全体の消費物価上昇率は約7％」（『エコノミスト』'77年7月19日号19ページ）とのべているが、たしかに計算式からは期間平均の消費者物価上昇率が6～7％となるものの、上図のように第1年度を7％台とすることで、第2年度から6％に落着くことが可能となろう。

象の論敵にたいして必死に抵抗して一人相撲をとっていることになろう。またそもそも計量分析というものはマクロ的な平均的数値（目標値などを含む）をもちいて諸政策の斉合性などを測定することを不可避的にともなうものであるが計量的分析にはなじみにくい鶴田氏にとっては、このような数値が個々の取引分野にも及ぶ統制的な絶対的目標値としてうけとめられるらしい。

『提言』の物価見とおしにおける計量的分析のユニークな特色（図3－1）は、一流の経済学者である内田忠夫氏がかなり正確に紹介しているように、物価政策と通貨管理政策とを二本立てとして、その画面から物価安定対策の政策効果を測定しているところにあり、一方では、価格政策の効果を（1）公共料金（2）大企業性製品の消費者物価（3）農業・中小企業性製品の消費者物価というこれまで物価動向の予測では着眼されてこなかった商品・サービス群の三大分類により、いわゆる「価格体系の反独占＝民主的調整」や実質賃金上昇がどの程度まで物価安定の目標（最初の二年五〜六パーセント、五年二〜三パーセント）と斉合性をもちうるか等を数量的にほぼ明示したこと、他方では、通貨管理政策の効果を、過去五ヵ年平均の「マーシャルのK」（1）（現金通貨などをGNPでわったもの［で近代経済学の祖A・マーシャルの貨幣数量説］）を基準とする法則的傾向線などから測定して、通貨総量規則の目やすをうちたてたところにある。ところがあたまから統制経済だと決めてかかる鶴田氏には野党はもちろん自民党ですらおこなったことのない新しい計量的な特色も、目に映らず、『提言』には「システム・デザイン力の貧困」が印象づけられるというのである［章末の補遺参照］。

## 四　市場機構への幻想

さて、その第二は、いわゆる資本主義的「市場」の位置づけについてである。鶴田氏の場合、現在の日本経済をたんなる自由企業体制とみて（一）農業・中小企業部門では完全競争が支配しており、その価格はもっぱら受給関係のみで変動すること、（二）大企業部門では、不完全競争がしばしばみられるものの、全体としては、価格の上限は市場機構によって抑えられること（三）労働部門では、二重構造的な労使関係などを媒介としつつも、労働市場の競争関係によって賃金水準が決定されること、これらの「市場」機構へのつよい信頼感が背景となって『提言』の物価安定対策が統制経済だという先の議論が組みたてられている。しかしながら、社会主義的「市場」の多様性を知らない「共産党の〝市場〟の位置づけは極めて不鮮明であり、『提言』がシステム・デザインに欠けている理由もここにある」と氏が非難するわりには、いささか、現代における資本主義的「市場」の位置づけが単純なことには驚かざるをえない。

現代の日本経済は、少なくとも右の（一）～（三）が再生産構造のなかで絡みあっており、（一）では「原料高製品安」に象徴される大企業によるシワよせや不公平な税制など、また（二）では「価格の下方硬直性」に端的に示される独占価格や独占利潤の費用化の存在など、さらに（三）では欧米諸国と比べての日本的低賃金構造の実態など、その市場機構もたんなる自由競争的なものではなく、大企業集団が全体を支配しており、しかも国家による介入の体系によって網の間のようにおおわれたものである。『提言』がそれを端的に「大企業中心の自由企業体制プラス国家的助成と介入の体系」（七四ページ）とのべている所以である。今日の物価上昇やインフレの高進は、『提言』が比喩的にのべているように、その「火元」としての大企業の独占価格と「ガスの元せん」としての通貨膨張が一体化した構造的要因――いわば「ガスもれによる火災」によるものである。したがって十九世紀のように物価騰貴の動向も、市場機構にまかせておけば、次第に沈静するわけにはいかないのである。そこから、「火元対策」や「元せん対策」を柱とした現代の市場機構への民主的規制が不可避となるわけであろう。たとえばリベラリストである内田氏ですら、その立場に相違があっても「なんらかの形での強制的、規制的な手段をインフレの終息に対してはとらざるを得ない」（前掲『エコノミスト』）という現状認識をもっており、その点でも内田氏のコメントをいたるところで孫引きしている鶴田氏はかなり遅れをとっている。いな、むしろ氏の場合は、市場機構の現状分析が欠除しており、そこからまるで「諸悪の根源は政策的な介入にある」式の論調から、経済再建計画における民主的規制の論理をただちに市場への全面的統制とうけとらざるをえなくなっているのではないか。

したがって『提言』においてその「民主的規制」の意味内容について「大企業・独占グループにたいする民主的規制のため経理公開などがあらたにもうけられる、そして、大企業・独占グループにとってはありがたくないことになるが、全体として規制は間接的な方法を主として、直接的方法はなるべく限定すべきであり、その意味で自由経済的要素を広くのこすことになる」（八一ページ）などと明言されていても、少しも理解できないようである。そこで氏はたとえば大企業の「経理公開」についても「イノベーションに対する誘因を圧殺してしまう共産党の主張には反対である」とのべ、大企業経理の不正を企業秘密の厚い壁をとりはらわなくても改善できるような、また大企業の経理秘匿がまるでイノベーションの誘因であるかのような大企業にとっては大変都合のよい幻想をふりまくのである。したがってまた同様に「もちろん、われわれの計画的な物価安定対策はいわゆる統制経済的な政策ではないし、大企業の独占価格引き上げなどを百％完全に避けることはできないだろう」（一四五ページ）という指摘も〝但し書き〟、すなわち統制経済の〝隠れみの〟としか把握できないのである。しかし『提言』を素直に読めばただちに了解されうるように、実際にはそうではなく、現在の資本主義的市場機構の存在を前提にせざるをえないからこそ、『提言』はきめのこまかい物価政策を展開する必要があるとみているように思われる。だからこそ、『提言』では生産財や卸売物価にたいする対策とともに、とくに通貨の総量規制が重要な役割を担ってくることが積極的に示唆されているのである。

以上のような自由市場万能論はこと公共料金についての主張ではきわだっているので、それについての鶴田氏の見解をちなみに引用しておきたい。氏は公共料金といえどもコストと価格はバランスすべきだという信念から公共料金引上げ規制に異論をとなえ、「分配の公正さを図るという観点からは、この財源を公共料金凍結によって生じた赤字の穴埋めに使うよりは、社会保障のいっそうの充実、強化に当てた方が望ましいし、また資源配分上も、たとえば電力、ガス、水道料金を必要に応じて値上げした方がいっそうの節約がすすむ」とのべている。

なお「分配の公正さを図る」という意味は、米価について「現時点でさえ国民一人当り年間約七〇〇〇円の国庫補助を、高額所得者も横綱輪島のような大食漢も一律に受けていることになる」という指摘から、はっきりうかがわれるが、このように高額所得者にひどく甘く、輪島関にはまことに気のどくなほど厳しすぎる見解は、大企業の膨張なかくし利潤には目をつむり大衆消費向の大型公共料金の値上げが庶民の暮らしに一番ひびくのだということを忘れた「木をみて森をみない」国民不在の見解となっている。いずれにしても皮肉なことに鶴田論文の特徴のひとつは、物価安定対策の具体的対案が皆無であるばかりでなく、物価上昇をみとめる諸見解のみが『提言』の反論として提出されていることである。

## むすびにかえて――現状認識のおそるべき甘さ

これまでみてきたように鶴田論文の結論はいくどとなく繰り返される公明党好みの疑惑、つまり共産党の再建計画は民主的規制という「衣」の下に統制経済という「鎧」を着ているということにつきる。《物価安定の戦略》を例にとって批判の集中砲火を浴びせようというのが、その企図であった。しかしながら、すでに検討してきたことから明らかなように、鶴田論文の批判点はまったく的はずれとなっており、『提言』に存在しない欠陥、すなわち全面的統制論をいくら批判しても、らちがあかないだろう。むしろかえって民主的規制＝全面的統制論という鶴田氏の経済学的弱点をあかるみに出してしまっているようにみえる。いうまでもなく現在の物価問題の焦点は、二ケタちかい消費者物価の高い上昇率を、はたしてどこまで抑えられるのかどうか、また抑えられるとしたら、賃上げと物価安定がどの程度まで両立するかどうかなどを数量的にも解明することにある。『提言』における《物価安定の戦略》の積極的意義は、このきわめて重要な現実的問題に革新政党としての責任ある立場でこたえているところにもあるのではないか。ところがこのような問題関心は鶴田論文には、まったくみうけられないのはいささか奇妙である。おそらく、そこに今日の経済危機、不況下の物価騰貴という現状にたいする鶴田氏独自の判断がもうひとつあるにちがいない。そこで最後に鶴田氏による他の論文「政策選択と日本経済の展望」(『経済評論』七七年五月号)を参考にして氏の現状認識を探ってみたい。

そこには次のような経済危機と物価騰貴の現状にたいする甘い判断が明らかに読みとれるからである。

すなわち「今日の日本経済が直面している事態は、〝スタグフレーション〟的であっても、〝スタグフレーション〟ではない。比較的高い上昇を示している消費者物価も、政策の誤操作の遺産であり、昨年下半期以降の経済停滞も宿命的なものというよりは、十分な政策が選択されなかったことに原因がある。ことにデフレ経済下では物価は沈静化の方向を辿ると判断するのが妥当であろう」(同一九ページ)、と。ここには、今日の経済危機についての分析もなければ物価上昇の構造的要因についての分析も存在しない。事実上は、論文の内容をよんでみればたんなる政策の失敗、それも、歴代自民党政府による高度成長政策の破綻というのではなく、主として七二～三年の田中内閣による失敗があるだけであり、他方では、自由経済への幻想、つまり、いままではインフレだったがこれからは、「デフレ期」(?)になるという物価動向についての安易な判断があるわけである。

したがって今日の物価騰貴を七四～五年における異常インフレと不況の後遺症とみていることも理解できる。氏は七三～七四年の物価狂乱期に公共料金の凍結と石油二法にもとづく政府の価格凍結が、現在の物価騰貴の原因であり、その時に政府の価格規制をしなければたとえ一時的には物価がもっと上昇したとしても、現在は、それほどおこらなかったはずだというのである。氏のいう〝後遺症〟とはこのような意味にすぎないことに注意を払いたい。したがって今後の経済政策の選択についても、物価対策についてはきわめて消極的であり、政府の行政指導をやめ、競争政策の推進と金利の自由化を抽象的にのべるだけで、物価安定の具体的政策にほとんど関心が払われず、当面の不況対策に力点が一面的にそそがれている。そこで第一に財政政策の積極的運営を主張し、たとえば国債発行についても、「一九・七％なら容認できて、三一〜三二％ではなぜ具合が悪いのか」などとインフレにつながりやすい赤字国債の拡大をとなえ、第二に過剰な通貨供給をうながす金利の自由化をふくむ金融政策の積極化を主張しているのである。

ただし氏の物価対策についての唯一のなぐさめは、自由企業体制における市場機構であることはつけくわえておかねばなるまい。氏はいたるところで「市場機構の作用によって企業の価格引上げにも限界がある」とくりかえしている。しかし現在の物価問題は、一般的に大企業製品の価格といえども、必ず上限があるはずだからといってすまされる問題ではなかろう。以上のような市場メカニズムの幻想にもとづく現状認識の甘さが氏の論文の背景にはあって、〝自由主義〟的な『提言』批判が生まれることになるのである。

二ケタ台の経済成長率と物価上昇につながりやすい諸政策の安易な政策選択を主張する「公明党ブレーン」、鶴田俊正氏の議論は、国民の要求を実現しようとするかぎり公明党にとってすらしだいに〝迷惑〟となるかもしれない。いずれにしても今日の時代は、共産党攻撃でただ点をかせごうと孤独な一人相撲をとる俗流エコノミストの活躍期ではなく、国民大衆の見まもるなかで、日本経済再建の道をいわゆるイデオロギー的立場を超克しつつ多くの経済学者やエコノミストが真剣な取りくみをおこなわねばならない時代なのである。その意味で、今回の『提言』はきわめて貴重な問題提起を理論的・実践的に与えてくれたとおもわれるのである。

## 《補遺》 物価と通貨量

通貨管理による影響を計算に入れてみると、物価安定効果は、中・長期的にはきわめて大きい。ちなみに、一九五五年～七四年までの五ヵ年ごとの長期傾向をみると、消費者物価上昇率(対前年比)と通貨膨張の割合とには、きわめて密接な量的[な相関]関係が存在する。通貨膨張の割合を、たとえば名目GNPにたいする現金通貨量(マネー・サプライ残高$M_1$)(いわゆるマーシャルの$K_1$)を基準として、消費者物価上昇率の五ヵ年の単純平均をとって関係づけてみたのが図3-2である。

これまでとは異なり、スタグフレーション状況の一九七五年～七六年の平均値(V)が、この関係式のうえを歩いているので、短期的にはともかく、五ヵ年ごとの期間でみれば、比較的はっきりした法則的傾向線といえよう。

**図３－２　消費者物価上昇率と通貨量との関係式**
**—CPI（消費者物価）とマーシャルのK1との相関関係—**

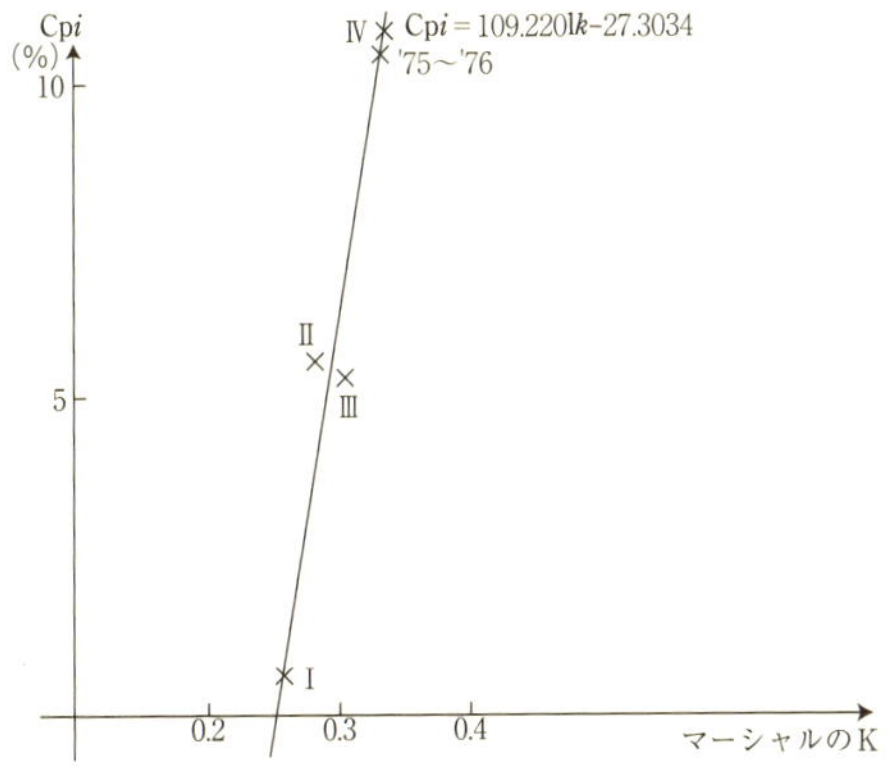


（注）Ⅰ〜Ⅳは'55〜'59、'60〜'64、'65〜'69、'70〜'74年のＣＰＩ上昇率（対前年比）の単純平均とマーシャルのK1の単純平均とをクロスさせたもの。なお'75〜'76は同様に２ヵ年分の単純平均である。

**図３－３　投入条件（輸入物価、賃金コスト）変動による**
**産出価格と卸売物価の推移（製造業）**

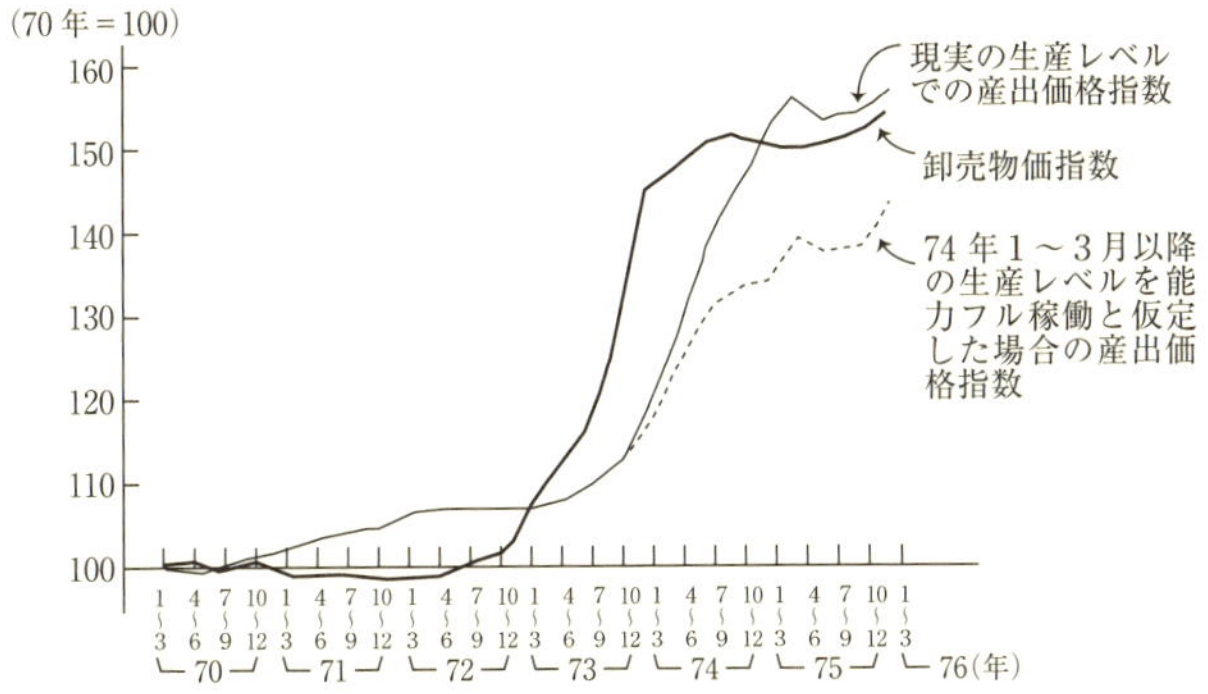


（備考）
1．「45年産業関連表」「鉱業生産指数」などによる。
2．卸売物価指数は、国内向け＋輸出分である。
3．輸入物価指数と賃金コスト（生産を能力フル稼働した場合と、現実に対応させた場合との両ケース）とを変動させて産出価格を求めたもの。
4．この図は70年から76年１〜３月の間の輸入物価及び賃金コストの上昇によるコストアップをつぐなうのに必要な産出価格水準と卸売物価の関係をみるものである。
（出所）『経済白書』1976年版

そこでさしあたり、この傾向線にそって最初の二年後の消費者物価を達成する場合の通貨総量の割合（マーシャルのK1）を求めてみると約三〇％である。したがって、現在の割合（一九七六年末—三四％）から二年間で、毎年二ポイントずつ減らして、通貨総量を相対的に四ポイント減らすと、ほぼ二年後の物価上昇率六％が達成できる可能性は大である。

また、消費者物価上昇率は、実質GNP成長率を上まわる通貨増加率の数値と密接な関係があり、したがって、この面から、毎年の日銀券発行高などの上限を定めるように通貨管理すれば、さらに物価安定対策はたしかなものとなろう。

もちろん、日本経済の現状では、〝インフレ後遺症〟をもっているだけでなく、むしろインフレ体質をよりつよめているのであるから、急激な通貨総量規制をおこなうと、その反作用によって不況がより深刻化し、いわば経済の〝失速〟状態が生じる危険性もつよい。しかし、第一期にたとえば、名目GNPに占める水ぶくれした通貨供給量の割合を、毎年二％（ポイント）程度の縮小ならば、それなりに創意工夫の余地が可能であり、これとさきの大企業の独占価格にたいする規制と、公共料金凍結を中心とする価格政策の実施が有機的に結びつければ、最初の二年後の目標は達成されうる。

こうして、五ヵ年計画開始後二年で物価上昇率六％台が達成されれば、たえず物価上昇に悩まされつづけてきた国民の生活不安の軽減にプラスとなることはたしかである。全般的な物価上昇の鎮静化と、社会保障の充実などがすすめば、国民の購買力がしだいに回復して、消費支出、消費需要が増大し、また農業・中小零細企業などの再生産条件が改善されて、その面からも需要は相当のび、景気回復の兆しが確実にうまれるだろう。そこで企業の生産活動がふたたび活発化すれば、減産による〝コストプッシュ〟要因も相当減少する（図3－3）こうして五ヵ年計画の三年目からは新たな設備投資が上向きはじめることが十分予想される。

（初出）『日本経済への提言』（一九七七年六月）の物価政策の項

## 《解題》

本論文は、当時の日本共産党が「日本経済への提言――危機に挑戦する再建計画」（一九七七年六月、以下『提言』と略す）に私を含めて党外からの学識経験論者の協力も得て作り、発表したことを受けて、私が担当させてもらった物価政策のところを『前衛』編集部の依頼で北沢啓明のペンネームで執筆したものである。実は当時の私はマルクス主義を信奉していても、こうした政党の政策作成経験は無縁のものであったが、敬友川上則道氏（都留文科大学名誉教授）の父君、故川上正道先生（当時・東京経済大学教授）が日本共産党の経済政策委員会（代表＝工藤晃）の代表的ブレーンであったことから、『提言』で最も弱い部分の物価政策の執筆等担当を「近代経済学にも精通している君しか書ける人間はいない」と強く勧められ、当時の共産党の考えに一定のシンパシーを感じていたことからお引き受けした次第である。（なお川上先生の業績に関しては、私の書評「70年代マルクス経済学の一到達点『資本論と日本経済』（『経済』一九八〇年七月号、拙著『福祉書を読む』ドメス出版、二〇一四年の第一部の1所収）を参照。）

私が担当していたところは、日本経済の分析法や計画技法がマルクス経済学の従来の制約をある面でのりこえ、近代経済学の分析手法をも駆使したきわめて斬新なものであったなどと評価された。

特に章末補遺にあるように貨幣数量説的なマーシャルのKをつかいつつ、長期的傾向として日銀による過剰な通貨発行量がインフレ的な全般的価格上昇に影響を与えていることを明らかにした。貨幣数量説も非兌換紙幣を通貨とする体制では一定の妥当性をもっており、マルクスの当該批判も、ここでは必ずしも該当しないからである。その上で、物価上昇を迎え、賃金を引上げ、中小企業の経営を安定させるという従来の共産党がやや楽観的に主張してきたことを、一定の制限の中では実現できることを試算的に明らかにしたのである。これは、政党レベルだけでなく、政府の担当省庁にも一定の影響を与え、一部は政府にとり込まれた結果、その年の物価沈静に寄与したともいわれている。もちろん、当時は近年のバブル崩壊やその後のデフレ傾向など景気循環論に私は学問的に脆弱であったことは反省される。にもかかわず、日本経済にとって長期継続的に続いたインフレ傾向をストップさせるリアルな提言となったことは自他共に認めてよいだろう。

本論文は、著名なエコノミストの鶴田俊正氏が『公明』氏に『提言』批判を物価政策中心に述べたことへの反論となっている。

その構成は、（1）偏見と独断に満ちた鶴田論文（2）「マル経」か「近経」かの対立図式に固執（3）物価安定の試算を統制経済よばわり（4）市場機能への幻想（5）むすびにかえて――現状認識のおそるべき甘さ、となっている。

結論としては鶴田俊正氏を「二ケタ台の経済成長率と物価上昇につながりやすい一番政策の安易な政策選択を主張する〝公明党ブレーン〟」と決めつけ、次のような結びとしている。

「今日の時代は、共産党攻撃でただ点をかせごうと孤独な一人相撲をとる俗流エコノミストの活躍期ではなく、国民大衆の見まもるなかで、日本経済再建の道をいわゆるイデオロギー対立を超克しつつ多くの経済学者やエコノミストが真剣な取りくみをおこなわねばならない時代なのである」（『前衛』一九七七年一一月号、195頁）。

いずれにしても、物価政策への計量経済学的貢献は私にとって最初で最後のものとして記念碑的論文である。補遺はほとんど私の単独執筆である。なお私はその後、社会保障・社会福祉の研究教育の道へ進み、特に障害者政策の面で利用者負担を否定する日本共産党の路線とは残念ながら次第に袂を分かつことになった。

# 第４章

# 社会資本概念の基礎的検討

# はじめに

一九五〇年代の後半に近代経済学において後進国開発論の基礎概念としてうまれた「社会的間接資本」(social overhead capital) という概念は、「社会資本」と略され、いまや政府の経済政策、経済計画などで主役を演じるところまでになっている。社会資本充実政策は一九六〇年の「所得倍増計画」で「社会資本の充実は、産業と生活の基盤を強化するとともに所得と雇用を拡大することによって経済成長に役だつであろう」とすでにのべられていたが、「高度経済成長」政策の重要な柱になっていったといえる。事実、六〇年代以降、社会資本充実の名のもとに世界最高水準の公共投資がおこなわれた。

道路、鉄道、水道、病院、学校など広範囲な対象(図4-1参照)をしめすこの社会資本概念が、このように、政府の経済政策や計画において重視されるようになったひとつの理由は、「社会資本」という用語のもつ「国民をふくめた社会全体のためのもの」という語感が、独占[企業]のためおこなわれてきた公共投資の内容を美化することに役だつということであろう。しかし、さらに注目すべき理由は、資本主義が高度に発達するにつれて「社会資本」という用語が反映している特定の経済的実体が客観的にその重要性をましてきたことにもとめられるとおもわれる。

もちろん、この「社会資本」という用語は、現実の経済を科学的に反映している概念であるとはかならずしもいえない。それどころか経済政策や計画においては便宜的な統計基準がきめられて実際に使用されているにもかかわらず、「社会資本」概念の当の提唱者である近代経済学においてすら各種の定義が入り乱れて今日でも統一された把握がなされていないのである(1)。

　こうした状況のなかで、マルクス経済学の立場から「社会資本」概念を批判的に検討して、その根底にある経済的内容を直接的に表示し規定する新たな範疇を確立するための試みと討論がおこなわれてきた。この課題の追求は、現代の資本主義を分析するための理論的道具を提供するばかりでなく、

ナショナルミニマム的なもの

| 区分 | 施設 | 内容 |
|---|---|---|
| 生産基盤関係 | 二次、三次産業関連施設 | 工業用水道、工業用地造成、流通施設、電力施設、ガス施設等 |
| | 一次産業関連施設 | 農業基盤、林道、漁港等 |
| | 交通通信施設 | 道路、鉄道、港湾、空港、自動車ターミナル、複合ターミナル、電気通信施設等 |
| 生活基盤関係 | 住宅、環境衛生施設 | 住宅、宅地造成、上水道、下水道、都市公園、駐車場、清掃施設（道路）（鉄道）（港湾）（電気通信施設）等 |
| | 教育、文化施設 | 学校、社会教育施設、体育施設、文化施設、訓練施設等 |
| | 厚生福祉施設 | 保健所、病院等 |
| 国土保全関係 | 国土保全施設 | 治水施設、治山施設、海岸施設等 |

（注）経済審議会編『これからの社会資本』（一九七〇年）九頁より引用

**図4−1　社会資本の範囲と内容**

種々の発展段階にある経済的社会構成体の分析に、さらに社会主義経済の分析にも役だつ積極的意義をもつであろう。しかしながら、従来なされてきたこの検討作業も、近代経済学の批判という点では一定の成果をもちつつも、科学的概念の確立という点ではまだ不十分なところをのこしているようにみえる。そこで、ここではこの課題に挑戦してみたい。

そのさい、この研究課題の性格が経済学的範疇の根本的検討（いわゆる批判）であることとも関連して、とくにつぎの二点を研究視角として重視したい。

第一に、所与の事実、その表象から分析を出発して本質的なものを分離し抽象するという科学的研究における唯物［論］的方法。

第二に、経済的諸関係の把握において、社会的生産の種々な発展段階にとって共通な一般的内容と、資本主義的発展段階によって規定される特殊な形態とを区別し関連させること（いわゆる内容規定と形態規定との区別と関連）。

また具体的な研究手つづきとしては、マルクス経済学の今日的成果である宮本憲一氏の労作『社会資本論』を直接の手がかりとし(2)、そのさいマルクス経済学の古典的成果をふまえるように努力した(3)。

## 一　マルクス経済学の「社会資本」論と宮本憲一氏の業績

### 1　「社会資本」論争の意義と特徴

マルクス経済学における社会資本の本格的研究は、社会資本充実政策が戦後資本主義の高蓄積をおしすすめ、近代経済学において社会資本論が進展する六〇年代においてはじまったといえよう。いわば六〇年代は、マルクス経済学にとって社会資本概念の批判的検討を避けてとおれないものにしたといえる。宮本憲一氏はその先駆的研究「社会資本論批判（一）」（金沢大学『経済論集』一九六一年）でつぎのようにのべている。

「社会資本論批判は公共事業論、ひいては国家独占資本主義論の展開の格好の土台石となる」。

こうして六〇年代にはいるとただちに少なくない有力なマルクス経済学者、とりわけ財政学の研究者から、近代経済学の社会資本論への批判が、理論的、実証的に開始されることになった。今日、それらの研究をふりかえると、たんに近代経済学批判にとどまらず、「社会資本」という概念が反映している現実を積極的に理論化しようとする貴重な努力がうかがわれる。しかもそれは、マルクスが「国家」にかんする経済学批判体系を完成させていなかったこととも関連してきわめて困難な課題であったようにおもわれる。したがって、この課題をめぐって諸見解の相互批判という形式、いわゆる論争形式がとられたことは、きわめて当然なことであった、といえよう。

このマルクス経済学における「社会資本」論争は、六〇年代前半に集中しておこなわれたが、そこではほとんどすべての参加者は、公共投資の機能の変化など現実の資本主義の発展を念頭におきつつ、マルクスの古典的成果に立脚して「社会資本」の新たな理論化を試みているのである（表4―2）。その第一は、「社会資本」論争における理論的問題点は、大きく整理するとつぎの二つの問題群にわけられる。そ「社会資本」のいわゆる内容規定はなにか、またその範囲はどのようなものか、社会資本にかわる新たな範疇などについてであり、その第二は、この内容規定と「資本」範疇の関係はいかなるものか、また社会資本の大部分が公有化されている根拠、などについての問題群である。この論争では、社会資本の質料的内容の把握が困難であることから主として第一の問題群にかんして多くの言及がなされている。第二の問題群については、若干シェーマ化すると、おおよそ、a「社会資本」＝資本説（池上氏）、b「社会資本」＝非資本説（山田・斎藤両氏）、c「社会資本」＝資本化説（宮本氏）の諸見解の対立がみられる。

宮本氏は、マルクス経済学における「社会資本」論研究の先駆者であるが、さらにこの六〇年代前半の「社会資本」論争を総括して一九六七年に『社会資本論』（旧版）を発表した。それはとくに、第一の問題群について池上、斎藤論文を参考にし、マルクス『経済学批判要綱』に新たに着目して、「社会資本と総称されているものを別の概念で正確に定義しなおした」（六頁）という二範疇、すなわち「社会的一般労働手段」、「社会的共同消費手段」をうちだし、いわゆる社会資本を資本の蓄積過程のなかで位置づけ、独占段階の諸問題もふくめて全面的な理論展開を試みた意欲的な労作である。

## 表 4 − 2　60 年代前半の「社会資本」論争における代表的諸見解

| | | 宮本憲一氏 | 池上　淳氏 | 山田喜志夫氏 | 斉藤　博氏 |
|---|---|---|---|---|---|
| 代表論文 | | 「社会資本論批判（一）（二）」（「金沢大学経済論集」1961 年、「金沢大学法文学部論集」（1962 年） | 「社会的労働手段と公共投資」（「経済論叢」第 90 巻 6 号、1963 年） | 「国富概念と国富統計」（「國學院大學生計論叢」第 12 巻第 1 号、1963 年） | 「いわゆる社会資本と“社会的労働手段”に関する覚書」（「國學院政経論叢」第 13 巻第 4 号、1964 年） |
| 論文の特色 | | 近代経済学の「社会資本」論への先駆的批判をなし、「社会資本」にかわる範疇の新たな設定（「社会的生産手段」と「社会的消費手段」）。 | 労働過程の視点から「社会資本」の間接性を基底し、その資本循環の特徴を分析。Ⅱの（3）について宮本論文批判。「関節的生産資本」の定式化。 | ブルジョア国富論批判のなかで、Ⅰの（2）、Ⅱの（1）について池上論文を批判、Ⅱの（1）について宮本論文を批判。「社会的消費元本」という定式化。 | 従来の「社会的――手段」という表現を不正確と批判し、新たに「公的労働手段」等の定式化。Ⅰの（2）、Ⅱの（1）（3）について池上論文批判。 |
| Ⅰ「社会資本」に対応する範疇設定 | (1) 内容規定（名称） | 「社会的生産手段」<br>「社会的消費手段」 | 「社会的労働手段」（ほかに、「社会的消費手段」、「第三の範疇」としての研究施設等） | 「社会的生産手段」<br>「社会的消費財」 | 「公的労働手段」<br>「公的消費手段」 |
| | （その概念） | 主として公有施設。ただし、社会的消費手段は社会的文化諸設備に限定。 | 労働過程に直接はいりこまない対象的条件（「広義の労働手段」）。 | 対象的条件のうち不特定多数の共同消費されるもの。「社会的消費財」は行政・商業施設もふくむ（所有形態は捨象）。 | 対象的条件のうち不特定多数の共同消費されるもの（公的所有形態と消費・利用形態はむすびつく）。 |
| | (2) 形態規定（名称） | | 「間接的生産資本」 | 「社会的消費元本」 | |
| | （概念） | | その特徴は、①P − G ②大規模性、場所的固定制、③建設の長期性、④生産的消費と個人的消費の結合 | 「社会的生産手段」と「社会的消費財」のうち資本でない部分。 | |
| Ⅱ資本主義の発展における『社会資本』の位置づけ | (1) 資本範疇との関係（「社会資本」は資本といえるか？）<br>（その他） | 独占段階で公共事業が収益事業化することにより、資本化。社会的生産手段は固定資本と、社会的消費手段は労働力の再生産と関連。資本主義では、前者は私有と公有へ、後者は個人消費と共同消費へ分裂。 | 資本範疇に属す。社会的労働手段は、「生産活動、したがって価値増殖活動の容器」であり、その資本主義的表現である間接的生産資本は、社会資本の中核部分をなす。 | 資本範疇にふくまれない。資本主義の発展は、社会的生産手段と個別的生産手段の分裂、社会的消費財と個人的消費財の分裂を、さらに前二者の資本と非資本との分裂をおこす。資本化したものは社会資本ではなくなる。 | 資本範疇にふくまれない。独占段階では、総資本の視点から、「総資本の再生産運動費」として、疑似的な意味で、「社会資本」とよびうる。 |
| | (2) 独占段階における特徴 | 両手段の占有による「地域独占」の発生。両手段のアンバランスの拡大。社会的労働手段の資本化。 | | 生産手段としての対象的条件は、公有形態として、比重をたかめる。 | |
| | (3) 資本主義における公有化の根拠 | ①巨大な資本規模 ②社会性 = 公共性が大 | ①社会的浪費性、社会的損失性、②生産的消費性と個人的消費の結合による所得再分配効果、③国家独占資本主義における公共投資の機能 | | 不均等発展是正と独占利潤創出のために国家介入（岩元和秋氏「公共投資の機能」［『鹿児島大学社会科学報告』第 2 号、1963 年］を参考）。 |

氏の『社会資本論』は、「社会資本」論と「社会的費用」論を二つの理論的柱としているが、本論文の課題である前者について、以下その骨子を要約しておこう。

## 2 『社会資本論』の基本論理

「社会資本」の実体は、「社会的一般労働手段」と「社会的共同消費手段」の二つの部分から成り立つ。ここで「社会的」とは、株式会社あるいは国家の所有のように社会化された所有（「社会的所有」）のことであり、「一般的労働手段」、「共同消費手段」とは労働過程と消費過程における手段の質料的形態をさす。

「一般的労働手段」は、労働手段のうちで機械などとはちがい労働過程に直接はいりこまない対象的条件（工場建物、運河、道路など）を意味する。その抽象的第一次規定は、「労働過程がおこなわれるための共同社会的・一般的な諸条件」（一三頁）であり、その第二次規定は、「資本の再生産の基礎条件」（一五頁）である。この一般的労働手段は、①場所的固定性、②価値移転の特殊性、③固定資本としての循環の特殊性、④各種の諸手段のワンセット性、⑤消費的性格、⑥本来的に軍事的、政治的性格の六つの性格から、社会的所有（とくに公有化）されやすい。したがって資本主義社会においては、生産手段は私有と公有に分裂する。

「共同消費手段」は、主として家庭外の共同消費における「消費対象と消費者間を媒介する消費手段」（三〇頁）であり、資本主義社会では「労働力の再生産の一般的条件」（三二頁）となっている。

この「共同消費手段」は、①場所的固定性、②非分割性、大規模な建設費、③低所得者の利用、④生産過程との連続性、不可分性、⑤政治的、軍事的性格およびイデオロギー性、の五つの性格から社会的所有（とくに公有機関）にまかされた。したがって資本主義社会においては、消費は私的消費と公的消費に分裂する。これら生産・消費の両手段は、類似した性格をもち、その相互連関性によって財政的に一括して運営されるが、これによって資本に有利な運営がなされる（以上第一章「社会的一般労働手段と社会的共同消費手段」の要約）。

つぎに、資本主義の発展にともなう両手段の形態変化、とくに、「独占段階の〝社会資本〟化現象」（五二頁）が課題となる。

戦後の重化学工業化において、「社会的一般労働手段」への依存度がたかまり、この生産の間接的手段は機械装置とおなじように、直接手段化、固定資本化する傾向（「社会的労働手段の固定資本化」）がある（七三頁）。この変化により、社会的労働手段は生産の共同社会的一般条件としての性格を失ない、独占資本の特殊な条件となり、社会「資本」化する。このことは、一方でそれを利用独占する巨大企業に「地域独占利潤」をもたらすが、他方でその固定資本化による利潤率の低下という矛盾（九〇頁）をうみだす。この矛盾の解決は、主として公共事業の利用独占による。

また、独占段階では株式会社などの社会化された資本の発展によって公共事業が民間資本の手で経営される可能性もある（「一般的労働手段や共同消費手段の社会資本化」一二五頁）。このような「社会資本」化によってすべての公共事業が会社企業にうつされたわけではないが、国家独占資本主義段階では資本の社会化はいっそう貫徹し、「国家そのものが資本主義企業化」し、「公共設備を〝社会資本〟とよぶようになった」（一一七頁）。

こうして両手段は独占段階において、すべて資本として現象するようになるのである（以上第二章「独占資本主義段階と社会資本化」の要約）。

以上みたように『社会資本論』では、社会資本をめぐる理論的問題点が資本一般の論理（第一章）と独占資本の論理（第二章）とから考察されている。第Ⅰ問題群については、①所有規定と質料的規定の区別、②抽象的規定と具体的形態の区別、という二つの方法が重視され、第Ⅱ問題群について、公有化の必然性が両手段の具体的性格の分析（第一章）と独占段階の固有な矛盾の分析（第二章）から展開され、また独占段階において、両手段が資本として現象する客観的根拠を解明しようとしている。

この宮本氏の労作は、少なくないマルクス経済学者によってすぐれた理論的業績として評価されている[4]。たしかに、氏の研究には社会資本をめぐる広範囲な理論的問題提起をおこない、それを資本蓄積過程に位置づけることなど積極的な側面がある。しかし同時にいくつかの不明瞭な部分や理論的矛盾もみうけられる。われわれは本論文で氏の労作を手がかりとしつつその理論体系における消極的な側面にも焦点をあて、社会資本概念の基礎的検討をこころみたい。

## 二　社会資本の表象と内容規定

### 1 「一般的労働手段」と「共同消費手段」という定式化

宮本氏の「一般的労働手段」という概念には、二つのことなった規定が混在しているようにおもわれる。すなわちその「共同社会の一般的生産条件」という規定は、社会的再生産全体の視点からおこなわれているのにたいし、「直接には労働過程に入りこまない」という規定は、個々の労働過程の視点からなされている。前の規定は、『経済学批判要綱』の研究にもとづくものであるが、ここではまず、あとの規定から検討してみよう。これは『資本論』におけるつぎの労働過程の分析によっている。

「もっとも広い意味で労働過程がその手段のうちに数えるものとしては、その対象への労働の働きかけを媒介し、したがってあれこれの仕方で活動の導体として役だつもののほかに、およそ過程が行われるために必要なすべての対象的条件がある。それらは直接には過程に入らないが、それなしでは過程はまったく進行することができないか、またはただ不完全にしか進行することができない。この種の一般的な労働手段はやはり、土地そのものである。なぜならば、土地は労働者に彼の立つ場所を与え、また彼の過程に仕事の場を与えるからである。この種のすでに労働によって媒介されている労働手段は、たとえば作業用の建物や運河や道路などである」（K.I 一九五頁、傍点は引用者）。

ここから宮本氏は、一般的労働手段という規定をひきだしている。

しかし第一に、マルクスのいう「一般的な労働手段」は、宮本氏のいう「一般的労働手段」とおなじ意味ではない。マルクスは、たしかに労働過程からみて、作業用建物などの対象的条件を機械装置などの直接的な労働手段と区別して、ある種の間接的な労働手段とみている。しかしマルクスの「一般的な労働手段」はこの間接的な労働手段そのものではなくて「土地」、いいかえれば「天然の仕事場としての大地」をさしている。というのはドイツ語原典版では、「この種の一般的な労働手段」は、"Das allgemeine Arbeits mittle dieser Art" また「土地」は "die Erde selbst" となっており、エンゲルスが校訂した英語版では、"the earth"（大地）が "a universal instrument of this sort"（この種の普遍的な手段）であるとのべられている。つまりマルクスは、間接的な労働手段として機能している対象的諸条件のうちで、すべての労働過程にとって、もっとも普遍的なるものが、大地であるとのべているわけである。したがって、マルクスのいう「一般的労働手段」は、宮本氏のそれとはことなっている。

第二に、大地をふくめたこの種の間接的労働手段を「一般的労働手段」とよぶとしても、これは社会資本の質料的内容そのものをさすものではない。というのは、この種の間接的労働手段はあくまで労働過程からみて、直接的な労働手段（生産の筋骨系統、脈管系統など）と対応している機能、いいかえれば、「産業用構築物」（KIII 七八二頁）あるいは「耐久構築物」（KII 一八一頁）をさすのである。それは「たんに過程が進行するための技術学的条件」（Gr. 五八二頁）等である。しかし社会資本といわれるものは、このような労働過程からの技術学的分類にもとづくものではない。社会資本は、あとでのべるように社会的再生産過程からみた経済学的分類にもとづくものである。たとえば、間接的労働手段に含まれる工場建物などは通例社会資本とよばれない。現実の社会資本は、耐久構築物が主体であるとはいえ、間接的労働手段のみならず機械装置をふくむ複合体である。宮本氏は、「一般的労働手段」の具体例として車両などをのぞいた鉄道施設をあげて、のちに「生産の社会化の発展を示すもの」（九二頁）という理由で車輌などの直接的労働手段と一体化したものを社会資本の実体とみているようである。この無理な論理は、「一般的労働手段」にさきにみた二つの異なった視点からの規定が混在し、技術的分類と経済学的分類とを混同していることに起因するのではなかろうか。(5)

　このように考えてゆくと、『資本論』の労働過程にもとづく分析は、「社会資本」概念を質料的に規定するにあたっては不適切であり、次節でのべるように宮本氏は他方で重視している『経済学批判要綱』の社会的再生産からみた分析をより徹底されたほうがよかったようにおもわれる。

　つぎに、労働手段のとらえ方にも問題がある。

労働手段とは、ほんらい労働過程からみた対象的成分の機能であり、それがおかれた位置によって相対的に変化するものである。たとえば、「生産物の立場」あるいは、生産物の消費過程からみれば、労働手段は、生産手段としてあらわれる。

　宮本氏は、鉄道、水道などを、消費者に消費される場合は共同消費手段、産業的に消費される場合は、一般的労働手段とみている。しかし鉄道を例にとると、その資本の循環範式をG—W＜$\begin{smallmatrix}A\\Pm\end{smallmatrix}$……P—Gとマルクスが表現しているように、生産過程（P）そのものが交換され、消費される。(6) したがって、鉄道諸施設（車両もふくむ）は、かりに旅行客によって利用されるとしても、運輸生産部門における特殊な労働手段として機能し、また消費主体にとって生産的に消費されるか、個人的に消費されるかにかかわらず、この労働手段とともに、その生産物＝「場所の移転」が消費されるのである。そのうえで、鉄道においては生産過程とその消費過程との不可分性から、旅行用においては諸施設の使用価値が直接にも個人的にも消費され、消費手段として現象するのである。

水道などの場合もほぼ同様であろう。水利施設は、用水生産における水利労働過程からみれば、都市用水においても労働手段として機能し、また消費過程からみれば、水利施設が採水―貯水―清浄―輸送の諸手段の複合体系[7]をなし、用水の生産が、用水の輸送と不可分であることから、用水のみならずその施設が直接に、個人的にも消費されるのである。

さらに、「生産手段」と「労働手段」の区別の仕方が問題となろう。宮本氏は、

「社会的一般生産手段（略して社会的生産手段）とよんだ時には、労働対象もふくむとみるべきだ。たとえば工業用水道の施設のみならず、用水もふくまれているとみることであろう」（一四頁）

とのべている。この見解は生産手段は労働手段と労働対象からなりたつという命題にもとづいている。しかし宮本氏が、労働対象とみる工業用水は、たんに労働対象である自然水とことなって、水利

労働と水利施設などによる生産物である。[8] しかも、生産された用水は、工業用水として利用される場合にも、厳密には、労働対象として消費されるわけではない。むしろ、氷、飲料水などの生産を例外とすれば、ふつう工業用水は、生産過程を媒介する補助材料として大部分が消費されているというべきであろう。もともと労働対象とは、単純な労働過程からみた、労働が働きかけられる加工対象であり、複雑な労働過程では、労働材料は、労働対象と補助材料に分化されるのである。電力、ガスなども水道とおなじように考えられる。

さて、つぎに「共同消費手段」という規定の問題点を若干検討してみたい。宮本氏は、マルクスが『資本論』で「個人的消費の内容について理論を展開していない」（二九頁）とみて、消費論を具体化しようとしている。このような問題意識から提出された「共同消費手段」という概念は、①広義の個人的消費における共同消費と個人消費の区別、②生活手段における消費対象と消費手段の区別、の二つの視点からなりたっている。

しかし、「共同消費手段」という規定には以下の問題点がある。

まず第一の問題点は、氏のいう「共同消費」と「個人消費」の区別についてである。マルクスは個人的消費を、生産的消費と対比して、その特徴を消費主体が生産物ではなくて人間個体（消費者）である点にみている。したがってマルクスのいう個人的消費は「本来の消費」という広義の概念をさすのであって、その消費形態である「個人消費」とは区別されよう。ところで個人的消費の形態のひとつに共同消費があるが、それは消費手段の性格と共同消費のレベルによって、さまざまな様式が存在する。宮本氏は、このレベルを一括して「共同消費」とよび、個人消費とつぎのように区別している。

「この消費は、主として家庭内でおこなわれる本来的個人消費と、主として家庭外で共同の消費の対象となる共同消費にわかれる」（二九頁）。

おそらく、住宅などのように家族が共同で消費するものを除外するために、消費主体を個人と共同にわけ、消費場所を家庭内と家庭外にわけ、いわばそのマトリックスとして消費形態を具体的に分類し、そのうち社会的共同消費（共同かつ家庭外）に注目されているようにおもわれる（二九頁）。しかし都市用水などを例にとるまでもなく、家庭内で消費される少なくないものが、社会資本と関連している。これを宮本氏はどのように考えているか不明瞭である。いずれにしても社会資本にかんしては、消費場所ではなく、まず消費主体の相違から、あるいは共同消費のレベルから接近する必要があろう。宮本氏は、共同消費のレベルの区別が不十分なため、家庭の内外という消費場所をあえてもちこまれたのではないだろうか（この点は地方自治体の公共施設のあり方にとって重要な問題である）。

第二の問題点は、「消費対象」と「消費手段」の関連についてである。宮本氏は、

「生活手段は、その消費過程における性質上、消費対象と、その消費対象と消費者の間を媒介する消費手段にわけられる」（三六頁）

とみて、消費対象の例として食糧、燃料を、消費手段の例として食器、家具、住宅などをあげている。そこで一般的労働手段と同様に、

「共同消費は個人消費にくらべて、巨大な消費手段を必要とし、共同消費対象と共同消費手段が一体となりやすい点が特徴がある」（同上）、

とのべている。ここで氏のいう「消費手段」は、マルクスのいう「消費用器具」（K.II 二二五頁）にあたるが、氏の消費論は、労働過程論のアナロジーからなされているようにみえる。しかし本来の消費過程をみれば、消費者が、加工される素材、いわば「労働対象」にあたり、その活動を媒介するものが、消費行為と消費手段といえないだろうか。しかしともかく消費手段は、必要生活手段と奢侈手段に相対的にわけられ、それらが消費行為からみれば、消費対象としてあらわれるのである。マルクスも「消費手段」を「消費対象」とほぼおなじ意味でつかっている。[9] 労働過程の視点で、消費生活を位置づける場合は、むしろ家庭労働についてであろう。ちなみに家庭労働における労働手段は、社会的にみれば、本来の労働手段ではなくて、消費手段に属し、家庭労働は、サービス労働によって代替される「消費費用」（MWI 一八一頁）となりうるが、これらの労働部面は、資本主義において、生産の社会化のなかでますます家庭外の独立部門となっている。この傾向を、宮本氏は「消費の社会

化」とよんでいるが、それは生産の社会化の消費生活への直接的投影として位置づけるべきであり、不特定多数の主体による共同社会的消費の進展とは若干ことなった次元に属するようにおもわれる。

## 2 社会資本の表象と「共同社会的・一般的条件」

「社会資本」の概念の表象として一般に妥当するものは、道路、鉄道、港湾、空港、電信・電話、電力、水道、下水道、公園、学校、病院などの共通な経済的機能といえるであろう。「社会資本」の概念規定は、近代経済学の定義から出発するのではなく、この表象を分析しその内容をとりだすことを出発点とすべきである。

宮本氏も社会資本と現実にいわれているもの（表象）を重視しているが、つぎの命題に氏の分析方法の特徴がよくあらわれている。

「社会資本として列挙されているものには、生産手段と消費手段という機能のことなったものが、ふくまれている。……まず（両者の機能を）厳密に区分した後に、それらが一体化している意味を問うために、両者の相互関連の性格を分析すべきであろう」（九頁）。

しかしこの方法は、たとえてみれば、自動車、鉄道、飛行機などの輸送手段のなかから自動車の概念規定をするにあたって、輸送手段のなかで自動車の特徴（種差）をとりだすのではなく、まず自動車を産業用（トラックなど）と生活用（乗用車・バスなど）にわけて、それぞれの種差を規定し、そのあとで両者の相互連関を分析せよと主張することに似ているようにおもわれる。このような方法では、経済的内容の表象を分析するにあたって共通の規定をとりだす作業の重要性が軽視されることになるのではないだろうか。この方法は、社会資本を具体的に分類する場合にはそれなりの意義をもつが、社会資本の本質が何であるか、あるいは社会資本と社会資本ではないものがいかなる基準で区別されるのかを明らかにすることには有効でないようにおもわれる。宮本氏はこのような方法にもとづいたからこそ、社会資本の内容規定にあたって生産手段のなかから一般的労働手段を、消費手段のなかから共同消費手段を別々にとりだすことからはじめ、そのあとで、苦労して一括せざるをえなかったのではなかろうか。しかも、両手段の概念規定はすでに検討したように、あやまりをふくんでいた。

では、社会資本の表象の共通の内容はどのようなものであろうか。

社会資本の表象を考察した場合、それが社会的生産の種々の発展段階に共通する側面をもっているということである。まずこの一般的な内容を抽象してみたい。

社会資本の表象の分析から明らかになることは第一に、社会資本が不特定多数の消費主体によって、生産や生活のためにくりかえし消費されているという事実である。道路、鉄道、学校、公園など社会資本とよばれるものは、いずれをとっても特定の個人や特定の企業の排他的な使用をゆるさないことを特徴としている。第二に、それは土地などの自然物とはことなり、人間の労働によりつくられ主として土地に固着したところの耐久構築物（いわゆる施設）を中心にしている。したがって社会資本の内容は、不特定多数の主体により消費されるという消費様式の特質であり、その消費の対象が施設を中心とした物的手段であるということにある。

さて、この社会資本の内容をさらに正確に把握するためには、それを人間と自然のあいだの物質代謝の基礎をなす社会的再生産過程、生産と消費の社会的関連のなかに位置づけるという観点が必要になる。これは宮本氏が社会資本の質料的規定を主として労働過程、および消費過程のなかに位置づけることにより失敗していることからの教訓でもある。

マルクスは『経済学批判』の「序説」において生産と消費の関連を明快に分析しているが、ここではとくにつぎの二点を強調したい。第一に、「生産」と「消費」の概念は相対的なものであり、その意味内容が多様なことである。「生産」は、広義には「芸術的生産」と「剰余価値の生産」など非物質的な生産をふくむが、狭義には物質的な生産を意味し、マルクスはこれを「本来の生産」とよんでいる。同様に広義の消費のうちで本来的なものは人間による生産物の消費でマルクスはこれを「本来の消費」「個人的消費」とよび、生産過程における労働力と生産手段の消費である「生産的消費」と区別している。第二に、生産と消費を切りはなしてとらえると同時に、密接な関連をもつものとしてとらえることとの重要性である。とくに広義の消費は生産的消費と個人的消費からなりたっており、本来の生産にとっての不可欠の条件をなしている。この広義の消費は社会的にみれば社会的再生産を消費の側からあらわしている。

ところで、さきにみた「不特定多数による消費」は、個人的消費ばかりでなく生産的消費もふくんだ広義の消費であり、その消費様式の特質をしめしたものである。その場合、自動車などの大量生産方式のように生産の側からみて不特定多数の消費者を対象とすることではなく、消費過程における消費様式の特徴である。したがってこの規定は、社会的再生産過程のなかに広義の消費の特質をしめすものとして位置づけられよう。

つぎに、「不特定多数による消費」を「特定の多数による消費」と対比することにより、社会的再生産過程においてこの規定のもつ意味を明確にしたい。一般に、消費の様式を消費主体との関連からみるとつぎの三つの型に分かれるであろう。①特定の個人（例、独立生産者の道具、衣服など）、②特定の多数（例、工場の機械、家屋など）、③不特定多数（例、道路、病院などの社会資本）。さて、このうち第二の型と第三の型はどちらも多数の主体による消費、すなわち共同消費であることに変わりはない。社会資本の分析をすすめる場合、これらの共同消費の区別、つまり第二の型と第三の型の区別がたいせつである。特定の多数がいわば閉じた多数を意味しているのにたいして不特定多数とは開かれた多数を意味している。つまり不特定多数の消費主体には共同社会を構成する全員が可能的にふくまれる[10]。したがって社会資本が不特定多数の消費主体によってくりかえし消費されるということは、その施設などがそれぞれの共同社会にとっての必要物であること、同時に、その施設などが生産と消費のうちで社会的生産にとっての一般的な条件であることを意味している。（なお、不特定多数の消費レベルにも様々あるが、ここではあえてふれないこととする。）

以上のべたことに関連して宮本氏によってはじめて注目されたマルクスの『経済学批判要綱』の指

摘はきわめて示唆にとんでいる。そこでマルクスは、道路、運河などをさして「特殊な資本とその特殊な生産過程との諸条件に対するものとは区別された、社会的生産の共同社会的・一般的条件」(Gr. 二五頁)とよんでいる。この「共同社会」(Gemeinschaft)の意味は「社会」(Gesellschaft)と区別されており、資本主義社会では国や地方自治体などを包括する広い概念であろう。また「共同社会的」とは株式会社はもちろん国などによる所有形態を意味するのではなく共同社会の構成員による利用形態をさしているのであろう。さらに「一般的条件」とは、特殊な生産過程の間接的条件(工場建物など)のことではなく諸生産過程のほとんどすべてにはいりこむ条件のことであろう(11)。

さて、社会資本の第二の特質である「耐久構築物、いわゆる施設を中心とした物的手段」については、それが「不特定多数による消費」と密接不可分で、その物的条件をなしており、このことは消費様式が生産(生産物)によって規定されるという生産と消費の密接な関連を背景にしている。また、次節でのべる鉄道、病院などの広義の生産部門の社会資本は、耐久構築物としての施設を中心とする物的手段だけでは機能せず、そこで労働がおこなわれることが不可欠である。だが、「社会資本」という経済用語は一般的には施設を中心とする物的手段のみをさしてもちいられているので、社会資本の概念規定としては、やはり、そこに限定したい。それは、また、耐久構築物としての施設が、多額の建設費を要すること、土地に固着すること、耐用年数が長いことなど独特な経済的特徴をもっているからでもある。

もちろん、概念規定ではなく社会資本について具体的な分析、研究を進めるばあいには施設だけでなく労働を含めた複合体としてとらえていくことが必要である。

以上の分析により、社会資本の表象からえられた規定「不特定多数の主体によって消費される施設など」はマルクスのいう「社会的生産の共同社会的・一般的条件」としての耐久構築物（施設）のことであろう。「社会的生産の共同社会的・一般的条件」というこの規定は、社会資本をマルクス経済学から解明し位置づけるための核心となる。

この共同社会的・一般的条件の具体的形態は歴史的、地理的条件によってことなっているが、一般的には経済的機能を基礎として、広く軍事的、文化的諸機能をあわせもっており、国家の物質的基礎をなしていた[12]。というのは、これを管理することが支配階級にとってその直接的利益をもたらしたばかりでなく、社会的再生産を円滑に維持することによってその政治支配の正当性を獲得させたからである。このことは、国家独占資本主義でも特殊な形態をもってするどい資本主義的諸矛盾のなかで貫徹され、社会資本概念の登場を必然化する。また将来の社会主義社会においては、これを科学的、民主的に管理することが経済政策にとってきわめて重要となる。

以上は宮本氏も他方で重視している社会的再生産の視点をより徹底させることによりえられたものである。まず生産手段と消費手段にわける宮本氏の本来の方法は、社会資本の具体的分類をするにあたってこそ有効性を発揮するのではなかろうか。われわれも次節で社会資本の分類を若干こころみてみたい。

## 3　社会資本の分類の試み

社会資本の分類のための基準は、社会的再生産過程における社会資本の機能のちがいである。

その第一の基準は再生産過程での広義の消費における生産的消費と個人的消費の区別であり、いいかえれば社会資本の機能が生産手段か生活手段（個人的消費手段）かということである（この点に関連して宮本氏の範疇設定のこころみを正しく発展させれば、社会資本の広義の質料的内容は、「共同社会的生産手段」と「共同社会的消費手段」との二つの機能から把握できよう[13]）。この基準によれば、社会資本は、①生産的に消費されるもの、②個人的に消費されるもの、③生産的かつ個人的に消費されるもの、の三つに区分されうる。

その第二の基準は、生産部門か非生産部門かということである。今日では、鉄道、電信・電話、水道、学校、病院などは広義の独立した生産部門であり、道路、運河、公園などは非生産部門である。この点は若干説明を要するであろう。

まず前者については物質的生産部門と非物質的生産部門にわけられる。たとえば鉄道業は「物質的生産の一部門としての運輸業」（MWI三八七頁）である。マルクスは、運輸業が生産するものは「場所を変えるという有用効果」であり、この有用効果の性格は、空間的、場所的変化という物質的変化を運輸対象（荷物・旅客）にあたえるという意味で広義には物質的だとみている。

したがって、さきにもみたが、鉄道部門において「不特定多数によって消費」される対象は「場所を変えるという有用効果」であるが、同時に、生産過程と消費過程が一体のことから鉄道設備などでもある。水道、電力、通信なども同様である。これらの部門の生産物はほんらい的には生産的にも個人的にも消費され、あらゆる生産過程や消費過程にはいりこむ特徴がある。

つぎに病院とか学校についてである。病院においては「医療サービス」が、学校においては「教育サービス」が有用効果として生産される。これらの部門の上記の部門とのちがいは、その生産物が物質的でない点にある。マルクスも医療や教育を非物質的生産［いわゆるサービス部門］として物質的生産と区別している（MWI三八五頁）。この部門によって生みだされる有用効果（サービス）は主として不特定多数の人々によって個人的に消費される。

後者の道路などの非生産部門においては労働との関連では施設管理の問題が重要であろう。

さきに社会資本の特質が「広義の消費過程における不特定多数による消費」にあることをしめしたが、一般に生産物にたいする人間の働きかけは消費過程にはいったからといってなくなるわけではない。生産物が首尾よく消費されるためには、生産物の機能を良好な状態に管理することがなかでも重要である。このいわば消費過程における生産物（消費対象）の管理は消費行為の重要な契機である。そして生産物が消費過程において個別に特定の主体により消費されるときには、この生産物の消費過程における管理主体と消費主体とは一致していることが多い。ところが、生産物が消費過程において不特定多数により消費される場合は、当然のことながら、個々の消費主体がこの生産物を管理することはできない。このため、消費過程における管理が消費過程から分離、自立化せざるをえない。家庭電機製品についていては、その使用者と管理人はおなじ人（あるいはおなじ家族）であることがほとんどであるが、道路について通行人と道路管理者は明らかにことなっている。一般道路の管理はふつう、国や地方自治体の仕事である。こうして、「社会資本」においては管理の問題がほんらい的に重要な意味をもつのである。

以上の二つの分類基準にもとづいて、現実の社会資本を分類すれば表4-3のようになろう。

この表から社会資本にはさまざまな態様があることがわかるが、つぎの二つの類型に大きく分類されよう。

［第Ⅰ類型］道路、鉄道など、生産的にも個人的にも消費されるもの。また、工業用水道など生産的にのみ消費されるもの。これらは主として施設部門、物質的生産部門を構成する。

［第Ⅱ類型］公園、病院など、もっぱら個人的消費にのみはいるもの。これらは主として施設部門、サービス生産部門を構成する。

「社会的生産の共同社会的・一般的条件」という社会資本の規定からみると、第Ⅱ類型が生産の間接的条件（個人的消費）をなしているのにたいして、第Ⅰ類型の多くは社会的生産にとって直接的（生産的消費）かつ間接的（個人的消費）な二重の条件をなしており、これらが社会資本のいわば中心部分である。また、工業用水道など生産的にのみ消費されるものは、そこから文化したものが大部分であり、社会的生産の直接的な条件でもある。そこでこの第Ⅰ類型を「本来の社会資本」（共同社会的基礎施設、社会的再生産の基礎条件＝再生産基盤[14]）として概念化してはどうであろうか。同様に、第Ⅱ類型については「生活関連社会資本[15]」（共同社会的生活施設）とよぶことができる。つまり、社会

## 表4－3　社会資本の分類

| | 生産的消費 | 生産的消費＋個人的消費 | 個人的消費 |
|---|---|---|---|
| （非生産部門）施設部門 | （産業道路）<br>（漁港） | 道路<br>港湾<br>空港<br>治山・治水施設 | （観光道路）<br>公園<br>文化体育施設等 |
| 物質的生産部門 | （工業用水道）<br>（産業廃棄物共同処理施設） | 電力・ガス<br>上水道<br>下水道、清掃施設<br>鉄道<br>電信、電話 | （し尿処理施設）<br>（ゴミ処理施設） |
| （非物質的生産）サービス生産部門 | | | 学校<br>病院、保健所<br>放送<br>社会福祉施設 |

（注）
①電信電話については、それが生みだす有用効果が、情報の内容は問題にしないで、その伝達を電気的信号などにより物質的に媒介することにあるとみて、物質的生産にふくめた（マルクスも交通部門にいれている）。
②放送については、それが生みだす有用効果が、情報の内容（知識等）を主として問題とするので、非物質的生産とみた。
③生産的消費のみの分野は、きわめてかぎられている。産業道路等も、若干の「個人的消費」があるので、厳密には、「生産的消費＋個人的消費」にふくまれよう。

資本の対象は、道路、鉄道、上下水道などの共同社会的基礎施設（本来の社会資本）ともっぱら個人的消費のみにはいる公園、学校、病院などの共同社会的生活手段（「生活関連社会資本」）の二つに大きく分類される。この分類は、社会資本のいわば対象に即した二大分類であり、主要な機能からの二大分類である産業基盤、生活基盤という分類、また分析的概念である共同社会的生産手段、共同社会的消費手段という二大区分とはやや区別されるものである。

なお、社会資本を分類する場合のたいせつな視点として、社会資本の構成とその物的内容が生産力や技術の進歩また社会的分業の発展にともない変化するということをつけくわえねばなるまい。鉄道や電信・電話にしても一九世紀以降に出現したものである。また、水道から工業用水道が、道路から産業用道路、観光道路などが分化したり、逆に鉱業用として発明された鉄道が貨客両用に発展するなど社会資本を構成する物的内容は、その利用（消費）目的と関連しあい、機能が分化、発展するということも歴史的にみると重要である。

## 三　資本主義の発展と社会資本

### 1　社会資本と「固定資本」概念の関連

宮本氏は「具体的な物的形態でしめすことは困難ではあるが……」（一四頁）とまえおきをして、一般的労働手段の具体的分類をこころみている。しかしここで、不可解なことは、工場建物を例にあげると、それが氏のほんらいの規定（第一次的規定）からすれば一般的労働手段にふくまれるはずであるが、実際には、その対象からとりのぞかれている点である。しかしこの難点は、「一般的労働手段」の第二次規定において、一般的労働手段と固定資本の区別という巧みな論理によって解決されているようにみえる。したがって「一般的労働手段」の内容規定にとって固定資本という概念は、特別な役割をもっているといえよう。「一般的労働手段」の具体的第二次規定では、つぎのようにのべられている。

「すべての労働手段が固定資本となるのではない。労働手段が固定資本となるはんいは、生産力の発展段階に規制される……。したがって資本としての自己の価値をもたぬ労働手段は、固定資本たることなしに労働手段としてとどまらざるをえない」（一五頁）。

このような指摘から、固定資本にならない労働手段の典型を一般的労働手段にみているようである。このことは、一般的労働手段を生産資本（固定資本をふくむ）と区別していること（一七頁）からも明らかであるが、つぎの見解はもっとも端的な例であろう。

「マルクスの時代に生産用建物、ドックなどは、一般的労働手段であったが、いまではそれは固定資本にかわり、むしろ工業用水道が一般的労働手段となっている」（一四頁）。

したがってその第二次規定にもとづいて工場建物など、すでに固定資本化されているものは一般的労働手段から当然排除されるわけである。しかしこのような一般的労働手段と固定資本の概念的区別は、正しいものであろうか。その第一の誤りは、歴史的事実にかんするもので、マルクスの時代においても工場建物などが、固定資本として機能していたことは明らかである。マルクス自身も、

「固定資本すなわち機械や工具や建物や設備など」（K.II 三九五頁）、「固定資本すなわちすべての産業用の建物、たとえば鉄道や倉庫や工場建物やドックなど」（K.III 七八二頁）

などとのべている。第二の誤りは、固定資本の概念規定にかんするものである。労働手段と固定資本との関係は、本来つぎのように考えられねばならない。

「労働手段が固定資本であるのは、……生産手段が総じて資本であり、……また第二に、労働手段が固定資本であるのは、それが自己の価値を特殊な様式で生産物に移譲する場合だけである」(KII二二八頁)。

この関係はいわゆる質料的内容と経済的形態規定の関係であり、排他的対立関係ではないのである。このように考えれば、社会的再生産の基礎条件である水道施設などでさえも、資本主義的に経営されれば、固定資本に転化するといえるだろう。宮本氏も右にみたマルクスの文章をみずから引用しており、また最初に「一般的労働手段」が質料的規定であると明言していたのであるから、これらの誤りに気がついていたはずである。それにもかかわらず、氏は労働手段と固定資本の関係をゆがめて、いわば社会資本の範囲をしぼる規準として「固定資本」範囲をもちだしている。おそらく質料的内容と形態規定の関係が不明確なこととも相まって、みずからの労働過程からみた「一般的労働手段」という不適当な第一次的規定を現実の社会資本の表象にあわせようとする結果、その第二次的規定で「固定資本」概念の曖昧化によって困難を解決するようになったのではないだろうか。

しかし、社会資本をみる場合に、固定資本との関連という視点そのものはもちろんたいせつなものである。ここで新たな問題提起として、産業資本のほんらいの固定資本すなわち「生産資本の固定的成分」（K.II 二〇四頁）とはことなったもうひとつの固定資本形態について指摘をしてみたい。マルクスは、資本主義社会において、機械装置のようなほんらいの固定資本とは区別された固定資本形態を「価値増殖の固有の法則をもつところの固定資本の一形態」（Gr. 四二二頁）とよび、つぎのようにのべている。

「ここで〝エコノミスト〟誌の言っている固定資本の意味は――固定資本の収益について語られる以上――生産過程に直接、機械装置としてはいる固定資本形態ではなくて、鉄道、建物（buildings）、農業改良、排水施設等の固定資本形態のことなのである。したがってこのばあいには、それにふくまれた価値と剰余価値の実現は、一種の年金（ママ）という形態で現れるのであって、利子はこのばあいの剰余価値をあらわし、また年金（ママ）は前貸された価値の定期的還流をあらわすものである。したがって事実上ここで問題となっているのは、……固定資本が生産物の一部をなすことにより、固定資本が価値として流通にはいりこむことではなくて、固定資本がその使用価値形態で売られるということである」（Gr. 六一一頁、傍点は引用者）

ここでマルクスのいう「使用価値形態で売られる」ところの固定資本をさしあたり固定資本の第二

形態とよび、本来の固定資本と区別しておこう。

この固定資本の第二形態は、道路などの非生産部門についても、またそのなかの消費手段（公園など）についても妥当する場合がある。したがって、固定資本となる必要条件が労働手段であり共同消費手段は固定資本にはならないとは必ずしもいえないのである。

この点にかんしてマルクスの考えをさらに紹介しておこう。

「道路、運河などの交通手段、運輸手段等のばあいのように——購買者が直接にその使用価値にたいして支払うような、固定資本の諸形態が存在する」（Gr. 六一二頁、傍点は引用者）。

さらにつづけてマルクスは、これらの施設が、生産手段としても、消費手段としても機能することをのべ、この固定資本を生産手段としてみた場合、それが、

「さまざまな資本によって同時に、その生産と流通のための共通な条件として消費されるのであるから、機械装置とは区別され……特殊な諸資本の……諸生産過程の大量を結合させる血管としてあらわれる」（Gr. 六一二〜三頁、傍点は引用者）、

とむすんでいる。また、

「固定資本は、どの規定についてみても、固定的消費に役だたず、生産だけに役だつ資本である、というふうには決していうことができない」(Gr. 五九七頁)

と明言しており、具体例として、家屋、公園などをあげ、

「消費元本に投じられた諸対象のうち、二、三のものは緩慢に消費され、また多数の個人が順次に消費することのできるものであるから、ふたたび固定資本として規定されることは、いっそうすすんだ諸規定(販売のかわりに賃貸、利子など)と関連している」(Gr. 五九九頁)

とのべている。

このように、固定資本の第二形態の本質は、生産資本の一形態ではなくて、「貨幣資本の特殊な形態」(K.III 三五六頁)である。したがって、社会資本のすべてが固定資本の第二形態ではなく、ぎゃくに固定資本の第二形態が必ずしも社会資本をさすわけではないが、民間資本が経営する共同社会的生活施設等(例、レジャーランド)がふえ、また財政支出が公共投資化している今日的現象を分析する場合、この固定資本の第二形態と社会資本の関連の把握は重要であろう。この点は宮本氏が資本主義社会における「共同消費手段」を分析するさいに見落としているところである。

## 2　「独占段階の〝社会資本〟化現象」について

宮本氏は、独占段階における社会資本の実証的研究をおこなっているが、そこでの理論的関心は、「独占段階の〝社会資本〟化現象」（五二頁）の客観的証拠はなにか、すなわち独占段階のどのような事情が「公有化された労働手段や社会的消費手段を〝社会資本〟として一括して、資本の擬制をとらせ」（五一〜二頁）るのかということにある。氏は、フィスカルポリシーによる公共事業論を展開したあとに、この社会資本化現象は、「これだけでは説明しきれない」（七一頁）とのべ、さらに（1）独占段階での「社会的労働手段の固定資本化」（七三頁）、（2）「一般的労働手段や共同消費手段の社会資本化」（一二五頁）という二つの論理（および「国家の企業化」という（2）の補助論理）によって、それを説明している。そのねらいは、（1）の論理で、主として「一般的労働手段」の大部分が固定〝資本〟化され、（2）の論理で、とくに共同消費手段の一部が社会〝資本〟化され、最後に「国家の企業化」という論理でのこりのすべての部分が資本化されて、こうして氏が規定した両手段のすべてが独占段階では文字どおり社会〝資本〟化していることを理由づけることにある。その場合、もっとも力点がおかれているのは、「本章の背骨をなす」（五二頁）といわれている「社会的労働手段の固定資本化」の論理である。したがって、この論理にとくに焦点をあてつつ、以下検討してみたい。宮本氏はつぎのようにのべている。

「生産資本と区別され、あるいはせいぜいその付属物とされていた用地、用水、輸送手段、通信手段などの間接手段を、機械装置と同じように直接手段にし、固定資本化する傾向が生まれた。企業会計の上でいえば、間接費の直接費化である」。「この傾向は独占利潤の大きいほど可能であろう。こうして生産過程と流通過程の巨大資本による独占は、生産の一般的条件を特殊的個別条件にかえてしまう。工業用水、港湾、鉄道、道路は、かつては、資本の共同利用するものがあったが、いまやその一部は特定の資本の占用物にかわらざるをえなくなる」(七四～五頁)。

このような現象を、氏は、「社会的労働手段の固定資本化」と定式化しているのである。

この指摘、とくに後半は妥当な面もあるが、「社会的労働手段」、「一般的労働手段」が概念規定で固定資本から排除され、しかるのちに独占段階でふたたび固定資本に包摂されるという結果になるこの論理は、つぎのような難点があるのではなかろうか。(イ) 間接手段は、その直接手段化により、固定資本になる、なぜなら直接手段は本来の固定資本であるから、という論法は、固定資本の諸属性を生産手段の存在様式からすなわち技術的分類からひきだす誤りではないか。(ロ) 間接手段として多くの例示(鉄道、倉庫、ドックなど)は、マルクスの時代でも、固定資本であったが、それはあえて独占段階に特有な現象といえようか。

ここで問題をより厳密に把握するために、宮本氏が列挙している間接的な手段、あるいは社会的労働手段から、土地そのものをのぞき、それを、(A) 工業などの産業資本が直接に所有している生産条件(＝狭義の間接的労働手段)と、(B) それが共同利用するが、直接的に所有していない外部の生産条件（＝共同社会的生産施設）にわけて検討したい。

まず工場建物などの場合は、範疇的に独占段階にかぎらず資本主義経済では、本来の固定資本である。したがって、「社会的労働手段の固定資本化」の問題は（B）の場合に限定される。

まず、鉄道などの物質的生産部門（Bの①）の場合、特定の労働手段が、本来の固定資本となるのは、生産部門が資本主義的に経営されれば、その施設なども固定資本化するのは当然である。ここでもまた、それらの諸段階はマルクスの時代に、すでに固定資本であったものが多い。

つぎに道路などの施設管理部門（Bの②）についてである。ここでは道路を例にあげて考察しよう。まず道路が固定資本（第二形態をふくむ）になるかどうかは、その使用者にとってではなくその施設の管理のあり方の問題であることである。その場合、その管理主体が使用料金をとって、道路を利潤をうみだす手段に転化することが必要条件となろう。というのは、道路は、独立した生産部門ではないので本来の固定資本とはならず、固定資本の第二形態となることのみが可能であるからである。宮本氏は、本来の固定資本と固定資本の第二形態の区別をしないで、一括して「固定資本化」とよび、しかも、戦後の重化学工業化のなかで、あたかも道路などが、その利用者にとって、本来の固定資本となるようにのべている。

以上、土地そのものをのぞいて、「社会的手段の固定資本化」の論理の問題点を検討してきたが、土地そのものと「土地資本[16]」の区別がさらに重要となろう。宮本氏は、独占段階において土地そのものが固定資本化するようにのべているが、それは不正確な表現である。マルクスは、土地資本を土地

そのものと区別して、

「資本は土地に固定されることができ、土地に合体されることができる。それは固定資本の範疇に属する」（K.III 六三二頁）

とのべ、「産業用構築物」とよびその具体例として、今日、社会資本とよばれているかなりの部分、鉄道、運河、水道、ドック、農業改良、排水設備などをあげている（Gr. 五七八頁、K.II 二一～三頁、K.III 六三五頁など）。この土地資本と社会資本の関連は、重要であるが、ここでは問題提起にとどめておきたい。

以上、検討してきたように、「社会的労働手段の固定資本化」という論理は、概念的、歴史的にいくつかの難点がいなめないように思われる。道路の価値移転にかんするつぎの見解は、その定式化の問題点の集中的あらわれはないだろうか。

「道路の価値は、生産過程における機械設備のような固定資本の価値の移転と同じである」（一八頁）、「道路の使用料が有料であるか無料であったかということは価値の移転に直接の関係がない」（一九頁）。

その第一の問題は、無料道路のように商品交換の存在しない、すでに消費過程にはいってしまった分野に、価値法則を不当に拡大していることである。第二に、道路の価値の移転が固定資本の価値の移転とおなじならば、道路は固定資本である。しかし、宮本氏は独占段階以前では道路は固定資本でないとみている。これは論理的矛盾ではないか。第三に、機械装置等の本来の固定資本と固定資本の第二形態を同一視していることである。最後に、以上の点と関連して道路の価値が荷物へ移転することから、道路の独占利用はその移転された不払い価値によって特別利潤をもたらすという見解には疑問がある。道路の利用独占から生まれる特別利潤は、道路の価値移転からではなく、むしろ道路のもつ資本の流通期間や回転の短縮化機能から、説明されるべきではないだろうか。

いずれにしても現代の独占団体における社会資本の問題は、「社会的労働手段の固定資本化」と定式化することではなく、氏も展開されているように、現代では、独占資本のために、「地域開発」などで特定の巨大企業の狭義の間接的な労働手段と社会的再生産の基礎条件が、国家のもとでワンセットとして計画、建設されること、あるいは、その結果うみだされる膨大な独占利潤（利用独占・建設受注・公債引き受け等の多様なルートから収奪される特別利潤[17]）があたかも公共投資を独占資本のための資本として現象させることなどを、さらに具体的に解明することではなかったろうか。

最後に、「一般的労働手段や共同消費手段の社会資本化」「国家の企業化」については若干の疑問点を提出したい。

まず前者についてであるが、宮本氏は『経済学批判要綱』を例にひいて、資本主義の最高度の発展段階は、両手段が資本によって建設され、運営される段階であると指摘して、その実現条件のひとつであるマルクスの用語の「社会資本」（株式会社など）の発展によって両手段は〝社会資本〟化するとのべている（一二六〜七頁）。しかし、ここでマルクスがいう「社会資本」は、社会的総資本の意味以外では「個人資本に対立する社会資本（直接に結合した諸個人の資本）」（KIII 四五二頁）、会社資本のことであり、いわゆる社会資本ではないことが問題となろう。この「会社資本」を、社会資本の概念とオーバーラップさせることは概念的混乱をもたらさないだろうか。

つぎに、後者について、宮本氏は、

「このような〝社会資本〟化によってすべての公共事業が会社企業にうつされたわけではない」。「しかし国家そのものが資本主義企業化したのである」（一二七頁）

として、のこされたすべての両手段が社会〝資本〟化するとのがれている。しかしこの論理は、国家資本と国家そのものとの区別を曖昧にするものではなかろうか[18]。

以上、宮本氏が体系化した「独占段階の〝社会資本〟化現象」の「政治経済学」における論理的柱を検討してきたが、それにはいくつかあいまいな点がある。おそらく、その理由のひとつは、氏が近代経済学の「社会的間接資本」という用語における〝資本〟にこだわりすぎたためではないだろうか。また社会資本の質料的規定をはじめから労働手段と消費手段に峻別してしまったため、両手段の関連を、かえって、資本としての性格、あるいは社会的所有としての特徴にもとめてしまったからであろうか。

社会資本を資本主義の発展過程、とりわけ独占段階で位置づけるためには、宮本氏のすぐれた業績すなわち資本の蓄積過程での位置づけという視点を、現代の独占資本主義においていっそう具体化させていくことが必要であろう。

マルクスは、一世紀も前に、いわゆる社会資本、特に運輸手段（鉄道など）が資本主義経済全体にあたえる影響について、非常に多くの諸点を示唆していた。たとえば、①総資本の流通期間を短縮し、その回転をはやめる物的基礎をなすこと（K.II 二五二〜三頁、K.III 八一頁など）、②運輸・交通手段の不均等発展によって、地域の経済活動が盛衰すること（K.II 二五四頁）、③工業・農業の技術革命と反作用しあうこと（K.I 四〇五、六六一頁）、④株式会社の出現によって、その部門の資本主義的経営が可能となり、またその逆作用もあること、その場合信用が大きな役割をはたすこと（K.II 四七三頁、一八七九年四月一〇日、マルクスからダニエルソンへの手紙）、⑤鉄道ブーム等の過剰投機がおこり、また資本主義では無計画的建設がなされることによって、産業循環に一定の影響をあたえること（Gr. 五九五頁、K.III 五〇三頁、K.II 三一六〜八頁）、⑥諸国民間の競争が、それをそれほど必要としない生産力の未発展の国でも、鉄道を発展させること（Gr. 四二九頁）、などである。これらのいくつかは宮本氏も注目しているが、その時代変化を厳密におさえれば、現代の社会資本の経済的諸機能を解明する場合にも、重要な示唆となるであろう。

## 3　資本主義の発展における社会資本の位置づけ

現代における社会資本の経済的機能を明らかにするためには、「社会資本」概念の内容規定を基礎として、資本主義生産関係との関係を具体的に分析するという方法が必要であろう。すなわち、はじめに研究視角として強調した方法、内容規定と形態規定の区別と連関の把握である。社会資本においては、その施設の建設のあり方、および施設の管理運営と利用（消費）のあり方が資本主義的生産様式のもとで特有な形態をうけとる。その実態を具体的に明らかにすることが、社会資本のいわば資本主義的「形態規定」にあたるといえよう。この点にかんし宮本氏はつぎのようにのべている。社会資本を「生産関係によって規定されない質料的性格」と「生産関係によって規定される所有形態」に「区分して考察した後に、（所有形態が）資本主義社会において社会的な所有（極限では公有）となる必然性を追及せねばならない。」（八頁）。しかし、すでに検討してきたように「社会的一般労働手段」と「社会的共同消費手段」という定式化等にはいくつかの難点がふくまれていた。これは宮本氏のこの方法に基本的問題点があるからではなかろうか。

第一に、宮本氏は広義の質料的性格（内容規定）と形態規定の区分をおこなう前に、狭義の質料的性格と所有形態の区分をすることから分析をはじめている。しかし質料的性格と所有形態は対概念ではなく、所有形態は形態規定の一部であり、むしろ形態規定の結果えられるものだろう。しかも宮本氏の「質料的性格」は労働過程と消費過程における物的手段の機能にのみ限定された狭義の質料的規定であり、消費形態の特質等はふくまれていないようにみえる。このような方法が宮本氏の概念規定の不十分さにもあらわれているのではないだろうか。たとえば「一般的労働手段」は「質料的な形態を特徴づけた概念」であったにもかかわらず、その第二次規定は価値増殖過程との関連でおこなわれている。つまり「一般的労働手段」は実際には質料的性格のみをしめす概念ではなくいわば消極的な意味での形態規定となってしまっている。宮本氏はおそらくこの「第二次規定」といわれている形態規定が所有形態ではないことから、それを容易に質料的性格にふくめたように思われる。

第二に、宮本氏においては社会資本についての形態規定の中心は、それが「社会的所有」になる必然性の解明におかれている。しかも「社会的所有」の概念は公有も株式社有もふくんで定式化されているため両者の本質的相違が曖昧になっている（また生産手段の公有と私有の二分裂等を強調されているのもその所有形態への関心のつよさをあらわしている）。しかし、解明すべき問題の中心は、社会資本の建設、管理、利用（消費）等が資本主義的生産様式のなかにいかに包摂されるかを具体的に明らかにすることにあろう。その分析をつうじてこそ、所有形態についても「社会所有」と一括することではなく資本主義的包摂の一側面として具体的に位置づけられるであろう。

以上の方法論的検討をふまえて、社会資本が資本主義的生産様式からうける特有の形態について、若干の問題提起を試みたい。

マルクスは『経済学批判要綱』において直接的生産の生産性があがったために社会がこの過程以外に使える人口と生産を「剰余人口と剰余生産」とよび、

「鉄道、運河、水道、電信等を建設するためには直接的生産過程で直接に活動する機械装置をつくるよりも多くの剰余人口と剰余生産がなければならない」(Gr. 五九四頁)、

とのべ、そして社会資本の資本主義的生産様式による包摂について、

「道路、運河等のような生産の一般的諸条件のすべては……共同団体そのものを代表する政府にかわって資本がこれを引受けるようになるためには、資本のうえにうちたてられた生産のもっとも高度な発展を想定している」、

とし、そのおもな条件としてつぎの三点をあげている。第一に、社会資本の生産に、資本を「必要な分量で使用できる」ために「国の富が十分に集積され、資本の形態に転化されていること」、第二に、資本が「完成された形態」であり「利子で満足する資本」である株式資本[19]になっていること、第三に、「産業資本が利殖する」ことが可能であるために社会資本が「共同体にとって必要物である」こと(Gr. 四三〇頁)。

これらのマルクスの命題にもとづき、現実の社会資本の分析をすすめるうえで欠かせない視点は、社会資本の資本主義的生産様式による包摂のされ方を、その内容規定とも関連して、①施設の生産(建設)、②その管理と運営、③その利用形態(消費形態)、に分けて具体的に研究することではない

だろうか。

まず、社会資本の建設の面についてみよう。

現代では、道路、運河、鉄道などの実際の建設は建設資本（土木建設会社）が担当しており社会資本はその施設の建設（主として施工段階）という面ではほぼ完全に資本主義的におこなわれていることは自明であろう。このことは資本主義の高度な発展を基礎として成立した（この場合の施設等は商品資本となる）。道路、運河等の建設は歴史的には共同体、あるいは共同体を代表する政府の事業としてもおこなわれ、イギリスでも一八三〇年代までターンパイク道路とならんで賦役による道路建設が存在していたのである。

つぎに、管理、運営の面については、社会資本を第二節でこころみたように非生産部門、物質的生産部門、非物質的生産部門にわけて検討する必要がある。

①道路、運河、港湾などの諸施設（非生産部門）においては、その施設管理は主として国、地方自治体がおこなってきた。この面での現代の特徴は、国や地方自治体の管理実務を道路公団などの公営企業に肩がわりさせ、独立採算制を導入し、運営財源を一般会計から財政投融資などに移し、資本主義的に合理化する傾向である。

②鉄道、電信・電話、電力、郵便などの広義の物質的生産部門においては、その建設計画や料金の決定[20]などの大枠の管理と生産過程の管理、すなわち経営にわけて考えなければならない。前者の管理についてはここでも国や地方自治体が最終的にはおこなっているが、後者の管理（経営）については

資本主義社会では国によってことなるが株式会社が担当していることが多い。しかし、この面での現代の重要な傾向はエンゲルスのつぎの指摘である。

「生産手段または交通手段が現実に株式会社による管理の手におえないまで発達」することから「結局は資本主義社会の代表である国家が生産の管理をひきうけなければならない。このような国有化の必然性はなによりもまず大規模な交通施設、すなわち郵便や電信や鉄道の場合にあらわれる」（US 一〇四頁）。

日本の国鉄は国有化されたときの理由がどうであれ、また、現在どんな問題をかかえるにしろ、このエンゲルスの指摘の好例ではないだろうか。すなわち、国有化は歴史の一つの必然的方向としてとらえるべきであろう。

③病院、学校などサービス部門（非物質的生産部門）においても、その大枠の管理は最終的には国や地方自治体がおこなっている。その経営においては、

「資本主義的生産様式は狭い範囲でしか行われず、また事柄の性質上わずかな部面でしか行われない」（MWI 三八六頁）、とのマルクスの指摘は今日でも基本的には生きているが、私立病院、私立学校など半ば資本主義的な経営（厳密には利潤を目的とした経営ではない法的規制下にある特殊な民間

経営）の進出もすすんでいる。

以上により、おもな社会資本の大枠の管理については資本主義社会においても基本的には国家がおこなっているといえるであろう。

最後に、社会資本の利用形態（消費形態）について検討しよう。

社会資本はほんらい的に不特定多数により消費される。しかも生産力の発展、生産の社会化にともなって、生産の共同社会的・一般的諸条件たる社会資本への必要性は増大する。しかし、資本主義社会は資本が、現代社会は独占資本が支配している。しかも、「近代国家もまた、資本主義的生産様式の一般的な外的諸条件を労働者や個々の資本家の侵害からまもるためにブルジョア社会が自分のためにつくり出した組織でしかない」（US 一〇五頁）。とすれば独占資本はこの国家をつかって社会資本をみずからのために優先的に利用し、あるいは国家が独占資本の利益になるように社会資本を管理するのは当然であろう。こうして、ほんらい社会的生産の共同社会的諸条件である社会資本は、国家とゆ着した独占資本が優先利用し、同時に独占資本のための諸条件になっていることが少なくない。このことにより共同社会を構成する圧倒的多数の国民の利益はふみにじられる。このような社会資本をめぐる基本的な矛盾は現代資本主義社会のひとつの焦点ではないだろうか(21)。

宮本氏は社会資本をめぐって社会的一般労働手段と社会的共同消費手段のアンバランス、社会的労働手段の固定資本化とその矛盾を理論化しているが、これらはこの基本矛盾のなかに位置づけられよう。そして社会資本をめぐるこの基本矛盾解決への展望は、真に国民のための社会資本の建設と管理を要求しつつ、独占資本の利益を代表する国家の変革とも結びつけ、国民各層の参加をふまえて社会資本の管理と運営を民主化して、社会資本に国民のための総合的な計画経済建設の基盤としての役割をはたさせることにあろう。そうした方向のもとで社会資本の共同社会的性格に適合した真の共同社会的所有が実現するのではあるまいか。

以上、宮本氏の労作『社会資本論』を手がかりに、その理論的問題点の基礎的な検討作業をつうじて、「社会資本」概念を、マルクス経済学の立場から論究してきた。いくつかの理論的な問題提起も試みたがいささか氏の理論体系の消極的側面をつよくおしだしすぎたかもしれない。われわれが、氏の理論を研究するにしたがい、その側面が、氏の体系にとってもある種の難点として感じられてきたのである。とくに「一般的労働手段」などの定式化と「社会的労働手段の固定資本化」の論理には、いくつかの誤りがあるように思われた。また今回、ふれることができなかったが、『社会資本論』のもう一つの柱である社会的費用論にも疑問がある。だがしかし宮本氏の深く考究された業績があればこそ、われわれは「社会資本」にかんする強い理論的関心をよびおこされたのである。われわれは宮本氏については、現代の資本主義の病理を明らかにしようとする意欲的で真摯な研究態度に、つねづね大きな敬意をはらっているものである。それにもかかわらずあえて批判的考察を試みたが若い研究者のとかくありがちな性急な断定や論詰もあろう。宮本氏ならびに読者の皆さんのご指摘、ご批判を心から、のぞむしだいである。

## 注

（1）『日本の社会資本』（一九六七年、鹿島出版会）、『これからの社会資本』（一九七〇年、経済審議会社会資本研究委員会報告書）を参照。なお近代経済学における古典的研究としては、A・O・ハーシュマン『経済発展の戦略』（原典一九五八年、邦訳、一九六二年、巌松堂）が著名である。

（2）宮本憲一『社会資本論』（一九六七年、有斐閣）については引用頁だけをしめした。

（3）古典からの引用は、つぎの省略記号でその出所をしめした。マルクス『資本論』一～三巻（全集版邦訳頁）、『経済学批判要綱』を『要綱』として（大月書店版邦訳頁）、『剰余価値学説史』を『学説史』（全集版邦訳頁）、エンゲルス『空想から科学へ』（国民文庫、邦訳頁）。

（4）池上淳『現代日本資本主義の基本構造』（汐文社、一九七二年、三頁）、林栄夫『財政論』（筑摩書房、一九六八年、一九六頁）、池田博行『交通資本の形成と論理』（東西書房、七頁）等参照。

（5）マルクスは、工場建物を機械装置と同様に「本来の労働手段」（KI二一七頁）とよび、のちにふれる「共同社会的・一般的条件」にはふくめていない。なお、普遍的労働手段に関する指摘は宮川影氏の教示によるところが大きい。

（6）京極髙宣「『資本論』第2巻の研究（1）」（サラリーマン社研『研究ノート』、第一巻、一九七二年）参照。

（7）佐藤武夫『水の経済学』（岩波書店、一九六五年）参照。

（8）註7に同じ。

（9）Gr. 九〇五頁、MWI八一頁。なお消費対象には、広義には生産物とサービスが含まれる（MWI二〇四頁）。

（10）ここでいう「共同社会」には国や地方自治体など様々なレベルのもの、また歴史的な種々の形態が含まれる。

「可能的」とは利用・消費しているものが現実的には必ずしもすべての構成員でないことがあるからである。

(11) なお『資本論』では「社会的生産過程の一般的条件」(KI 四〇五頁) といわれているようである。

(12) エンゲルス『反デューリング論』(国民文庫、三四三頁)、マルクス「イギリスのインド支配の将来の結果」「印度におけるイギリスの支配」(『マル・エン選集』③、大月書店版)、『資本論』(KI 五三七頁、KIII 三九七頁ほか)。

(13) なお、社会資本の質料的内容を「社会的生産手段」「社会的労働手段」等と定式化することについては、斉藤博氏の適切な批判がある。

(14) 「資本主義生産の発展は、その本性から考えても、社会的性格をもっているのだから……すべての労働手段は社会的労働手段としての性格をもつ。したがって……社会的労働手段と名づけるのは範疇規定を混乱させるおそれがあるので不適当である」(表4-1の掲載論文)。

(15) 林栄夫『財政論』(一九六頁) 参照。

(16) マルクスは社会主義経済の展望にたち、「学校や保健施設などのような、いろいろな欲望を共同でみたすのにあてられるもの。この部分は最初から今日の社会にくらべていちじるしく増大し新社会が発展するにつれてますますふえる」(「ゴータ綱領批判」) とのべている。

(17) 宮本氏などによって指摘されている社会資本の具体的性格、あるいはその施設としての特徴、すなわち、場所的固定制、大規模性、建設の長期性、等々は、土地資本の具体的特徴でもある。この土地資本は、今日重化学工業コンビナートの基盤などとして増大しているが、この現象を宮本氏の「社会的労働手段の固定資本化」の定式化は、それなりに反映している。

(18) 独占分析研究会『日本の公企業』(新日本出版社、一九七三年)三三〜三五頁。

(19) 社会的総資本には、「政府が生産的賃労働を鉱山や鉄道などに充用して、産業資本家として機能するかぎりでは国家資本も含め」(KII 一〇一頁)られるが、そのような政府企業は範疇的には、初期の資本主義段階と独占段階では、ことなった経済的役割をもつことなどが解明される必要があろう。

(20) マルクスは、株式会社所有の本質を、「もはや個々別々の生産者たちの私有としてではなく、結合された生産者である彼らの所有としての、直接的社会所有としての所有に、再転化するための必然的な通過点」(KIII 四五三頁)として位置づけ、資本主義的生産様式の限界のなかでのいわゆる社会的所有＝社会主義的所有への過渡的形態とみている。

(21) 社会資本の利用・消費が有料化されても、適当な料金では不特定多数の消費という性格はうしなわれない。しかしさらに資本主義的包摂がすすむと、一方で社会資本が利潤をうむ手段となり、他方で不特定多数の消費を制限する可能性をもつ。国家の管理はこの矛盾を一定の範囲で調整するが、国家独占資本主義段階ではこの矛盾は独占資本の料金体系、受益者負担、公企業の資本主義的合理化などの諸形態をとって鋭くあらわれる。

(22) 佐藤武夫氏は、社会資本をめぐる独占段階の矛盾を、多目的ダムを例にとって、社会的生産手段の名目的形態と実質的機能との矛盾と把握し、その矛盾の解決のためにより民主化された経済体制への展望をみている。佐藤前掲書参照。

# 《補遺》 経済理論と〝社会資本〟研究

## はじめに

いわゆるマルクス経済学（経済科学）の立場からの社会資本研究の視座について、まずはじめに私たち［京極髙宣と川上則道］の考えを明らかにしておきます。「社会資本」とはいったい何であるか、それを現代資本主義の中で如何に把握していくか、という本質的なことについてできるかぎりその大筋を述べていければとおもいます。

最初におことわりしておきたいことは、私たち自身、もともとは経済理論、経済政策論、農業経済論等の専攻でありまして、社会資本研究や公共投資論のような財政学の専門家とはいえないということです。したがって、いろいろ至らないところを痛感しておりますが、先人の足跡をたどる中でいくつか考えることがありまして、それを雑誌『経済』等に発表してきました。「玄人」と「素人」と云う区別がありますけれども、社会資本の研究ではどちらかと言うと「素人」に属する方かもしれません。しかし、ヘーゲルの言葉に「何びとも靴が足に合うか否かを知るためには靴屋である必要はない」と言うのがあります。一般に興味をもつ対象について正しく考察するためには必ずしもその職業に携わる必要はないという意味で、私たちは「社会資本」研究に取り組んできました。以下、マルクス経済学と社会資本論との関係について、ついで、私たちが初めて発表した論文「社会資本概念の基礎的検討」の意義と限界について、最後に、これからの社会資本研究にとって、さらに探求するべき若干の論点について、かいつまんで明らかにする次第です。

## 1　マルクス経済学と社会資本論

いわゆるマルクス経済学における社会資本研究についてですが、マルクス経済学の立場から社会資本論がとりあげられたのはおそらく一九六〇年代の初めであろうとおもわれます。特に、宮本憲一先生の「社会資本論批判（一）（二）」という論文は先駆的役割を果したようです。従来、近代経済学の方から社会資本＝社会的間接資本（social overhead capital）について、経済成長ないし低開発国論との関連でいろいろなカッコつきの理論的構築がなされてきたのですけれど、それに対して理論上の問題点があるということ、そしてとりわけ現実に高度成長過程で社会資本充実政策が実行されてくる中で、「社会資本」とは経済学的にとらえた場合一体何か、それは現代資本主義の構造の中でどのような役割を持っているのかなどということが、マルクス経済学の側からも問題にされざるをえなかったようです。しかしながら、「社会資本」を経済学的に位置づけていく場合、実に複雑な問題があります。普通「社会資本」といわれているものに含まれるものとして、道路、水道、鉄道、電力、さらには学校、病院、公共住宅まで入れることがあります。これらが「社会資本」に入るかどうかということについては近代経済学者あるいは官庁エコノミストとの間でかなりの議論がありましたが、マルクス経済学においても「社会資本」の本質把握をめぐってすっきりしない問題があって、宮本先生のさきの業績をその後の礎石にして研究が進められてきた訳です。しかし、そこに同時に若干の難点もありまして、様々な論争がマルクス経済学内部にも生じました。

そこで、さしあたりマルクス経済学における論争をかいつまんでまとめてみましょう。その論点につきましては、第一に、「社会資本」概念そのものが一体何であったかということ等。第二に、「社会資本」なるものと現実の資本主義経済が如何なる関係にあるかということ等の二つの問題群に分かれます。

次に、論争の時期ですけれど、一応三つの時期に分けられるのではないかと思います。第一の時期は、六〇年代前半における宮本先生の「社会資本論批判（一）（二）」（一九六一年〜六二年）などの先駆的な研究が行われた頃です。第二期は、六〇年代前半の議論をふまえて、いわば論争の中間総括ともいうべき体系を宮本先生が『社会資本論』（旧版一九六七年）として打ち出した頃です。これは非常に多くの反響を呼びまして、日本資本主義の高度経済成長過程の分析についてはかなり高い評価を受けてきました。その中味、理論的枠組その他についてはいろいろと議論があるところですが、全体としては優れたものとして位置づけられております。第三期は、そういう『社会資本論』をふまえて、私たちが七三年に「社会資本概念の基礎的検討」（本書第4章）を打ち出し、それを契機に新たな論争が始まりました。その内容はともかくとして、この期の特徴は、宮本先生の理論的な柱の一つであります「社会的間接資本」論の土台にかなり大きな問題点を指摘することによって、もう一度「社会資本」とは何かということを考え直して現実の経済の中に位置づけ直そうということになってきたようにおもわれます。

私たちの問題意識も、実はこの過程にそっています。もちろん私たちの基準にそったからこういう時期区分にまとめたといえるかもしれません。私たちも初めは「社会資本の充実」ということをいわれても、それなりに何となく漠然としていて、たいした疑問もいだかなかった訳です。宮本先生の『社会資本論』が出まして初めて読んだ時に、その見解の体系性によってある程度目の前が開かれたという記憶があります。その頃は、いくつかの点をのぞいて、その見解にあまり大きな問題点を感じませんでした。しかし、七〇年代に入っていろいろ社会状況が変わってきますと、果してこれでいいのかなという強い疑問を呼び起こされて、再び『社会資本論』にたちもどって分析してみますと方法論的な問題点や理論的矛盾点があるように思われました。特に、初期の「社会資本論批判」から後退した面もあるのではないかという認識もありました。宮本先生は、アダム・スミスの研究をなさって財政学の方に入られたとうかがっておりますが、いわゆるアダム・スミス的二つの顔（本質把握と現象記述の二つの側面）が宮本先生の中にあるのではないか、そのことがいろいろ批判を受けたことにつながるのではないかとおもわれます。例えば、島津秀典先生は御承知のように小谷義次先生の編著『国家資本の理論』の中で「社会資本」について独自の見解をうちだしています。その中で宮本先生の『社会資本論』の問題点をかなり鋭く突いています。とはいえ、むしろ誤った面を拡大していると私たちは見ていますが、いずれにしてもそういった議論がでてくるのは、『社会資本論』の理論的枠組そのものの中に若干の無理があるからだとおもいます。宮本先生はマルクスの古典研究をふまえながら、現状分析に役だたなくてはいけないという問題意識から特に『経済学批判要綱』を読み直して、新しい体系『社会資本論』をうちだしたのですけれど、私たちも、いわば〝個体発生は系統発生を繰り返す〟というか、同じような経路をたどって、古典研究から宮本先生のいっていることは本当にそうなのかどうか再検討してみた訳です。

## 2 「社会資本概念の基礎的検討」の意義と限界

私たちは、『経済』七三年一一月号〝若い研究者の発言〟に「社会資本概念の基礎的検討」(以下「検討」と呼ぶ)を投稿しました。この論文については、宮本先生の『社会資本論』(旧版)の特に理論的問題点について一応包括的な問題提起をしたことがそれなりに意味をもつのではないかということと、同時に社会資本概念の本質を社会的再生産全体の見地から真正面に位置づけたことに若干の意義があるのではないかとおもっています。そこで、本論で詳しく述べるまえに私たちの論文の要旨を簡潔にふりかえってみましょう。

はじめに、私たちが重視したのは宮本理論の主要な方法についてであります。すなわち、初めから「社会資本」を労働手段と消費手段の二つの部分に分けて後でくっつけるというか、「社会資本」という概念は二つの部分を一括しているからいけないんだというとらえ方に対して、私たちは、現実に一括しうるような根拠がそれなりにあるということを率直にみる必要があるとおもっています。例えば、道路は労働手段あるいは生産手段として機能している面もあれば消費手段として機能している面もある訳で、そういうものを初めから区別してしかる後に一括してみるというのはではなくて、むしろ直接的生産部門である繊維産業などの製造業とは違った何らかの経済的位置づけが必要ではないかということです。道路等についてはその意味で「社会的再生産の共同社会的一般的条件」という言葉をマルクスが使っていますが、「社会資本」をまさにそういう社会的再生産が行われる基礎的条件としてはマクロ的に位置づけることができます。その上で、それが機能的にみた場合、生産手段として主に機能しているかあるいは消費手段として機能しているかということがそれなりに意味をもってくるのです。先生の分け方自体は、実は資本蓄積或いは高度成長との関係においてかなり重要な意味があるのだけれど、だからといって「社会資本」概念は初めから二つの全く異質の部門のいわば寄り合いの所帯であるからミクロ的にみて本来は分けるべきだ、という理由にはならないんじゃないかということです。

つぎに、さきの「検討」では必ずしも明言をしていないかもしれませんが、社会資本概念はそもそも資本範疇ではないということを伏線としています。近代経済学で「社会的間接資本」という場合の「資本」は経済的な厳密な意味での資本ではなくて、普通の固定資産（ストック）ととりあえず考えていただきたい。したがって、その〝資本〟という言葉尻にとらわれてはならず、実際に「社会資本」として総括されている具体的な対象、しかも誰もが「社会資本」として認めている道路等は明らかに固定資産という意味です。もちろん、「社会資本」は狭い意味の公共事業だけではなくてエネルギー、輸送部門等を含み、全体としてみると社会的再生産が行われる基礎条件だということがいえます。ともあれ、その耐久施設を主体としたものを「社会資本」として一括していることは動かしがたい事実です。それをまず確認する必要があり、その上で、範疇的な意味で資本であるものもあるし資本でないものもあるというふうに現実を具体的にとらえることができます。宮本先生の初期はそういう考え方でした。ところが『社会資本論』になってきますと——その形成過程で池上惇先生の論文の影響をうけまして——「社会資本」は一種の間接的な生産手段でありしたがって間接的固定資本であるという位置づけから、資本範疇的とらえ方にかなり後退されている——そのことがしかも労働手段概念の通説的説明から裏うちされている——ようにおもわれます。池上先生は、マルクス経済学の体系に基づいて「社会資本」を理論的に明らかにしていくという問題意識から、かなり詳細に論じられています。その点は非常に高く評価されるべきですけれど、同時にかなり結論を急いだところがあって、そのよくない部分が宮本先生の『社会資本論』にもかなり影響を与えてしまったんじゃないかとおもわれます。そういう部分に関しては初期の宮本論文から多少屁理屈の領域に入ったんじゃないか、いわば〝一歩前進二歩後退〟という一面があるようにおもわれます。社会資本概念そのものは、そもそも資本範疇ではなくて、むしろ広義の経済学的概念であって、その点をもっと首尾一貫して強調しなければなりません。その見地をつらぬけば、それが社会的再生産が行われる基礎的条件であることを見ぬくのはさして困難ではありません。もちろん、ここで自明の前提となっていることは、それが機能的にみて生産的機能の一面をもつことと厳密な意味での資本範疇かどうかという問題とは別だということです。以上の観点を打ち出したことが「社会資本概念の基礎的検討」の一つの意義だとおもいます。

あと細かい点としては、いわゆる固定資本との関連がどうなのかという問題があります。例えば、道路等が有料道路等として企業的に営まれる場合——歴史的にはターンパイク道路ですけれど——従来の説だと本来の固定資本（生産資本の固定成分）としてとらえられていたところがありました。私たちは、その場合の固定資本は、本来の固定資本すなわち生産物にその価値を移転していく不変資本の固定成分ではなくて、直接使用され、売買され、使用料を払われたりすること等に着目して、いわば「固定資本の第二形態」ともいうべきものであると考えました。

また、もう一つ細かい問題点にもふれておきましょう。「社会資本」といわれているものには実に雑多なものが入っています。例えば資本かどうかにかかわりなく素材的な内容をみましても、広義の物質的な生産部門といってもいいような鉄道・電力が入っているし、いわば施設部門としての道路・港湾も入っています。「社会資本」をさらに具体的にみていく場合には、たんに労働手段か消費手段かという分類基準だけでなく、「社会資本」が本来、施設という物の側面からとらえられた概念として限界をもっていることをふまえて、さらに物質的な生産部門を特別扱いする必要があるんじゃないかと思われます。そこで、素材的見方から一応施設部門と生産部門の二つに「社会資本」といわれているものを分けてみました。この区分はそこで資本主義的経営がおこなわれる場合に重要となってきます。

さて、「社会資本」を研究していく場合、先に述べた第二の問題群については「検討」では十分に述べられていません。従来、しばしば社会資本概念そのものの中に資本主義的矛盾を見つけ出そうという試みが研究者の間でなされてきましたが、私たちは「社会資本」といわれているものと現実の経済とのかかわり合い方、或いは現実の経済の中にある階級対立そのものが社会資本をめぐる主要な矛盾となってあらわれると考えています。だから、社会資本概念そのものの中に矛盾を見つけ出そうとするのは正しくないのではないか、いわばヘーゲル主義的な観念論ではないかということで、やや政治主義的に聞こえるかもしれませんが独占資本と国民の利害対立を基軸に据えて現実の社会資本をめぐるいろいろな諸問題を分析していこうじゃないかという掛声をかけました。

さて、そういった論点に対して正統派マルクス主義経済学の立場からいろいろな批判を受けました。いずれにしても、これらの批判は、私たちの見解をもう少し深化させなさいといっているようにみうけられ、私たちも今までの成果を踏まえ更に新しい問題についてより積極的に検討していこうと思い、雑誌『経済』に論文「〝社会資本〟研究の発展方向」及び「資本主義経済と社会資本」(京極・川上『社会資本の理論』時潮社、一九八四年、第二章、第三章所収)を執筆させてもらいました。

新しい論点についてお話しする前に、従来の社会資本概念の把握に関する諸見解を簡単に図式化して説明していきたいとおもいます。図4-4をみてください。ここでマトリックスになっていますが、

**図４－４　「社会資本」概念把握にかんする諸氏の見解の基本的位置**

| | | 資本主義的形態規定説 | | | | 広義の経済学的概念説（非形態規定説） |
|---|---|---|---|---|---|---|
| | | 資本説 | 資本化説 | 非資本説[1] | その他（不明） | |
| 質料的内容規定の重視説 | 社会的再生産過程 | | | 山田 | 遠藤 | 京極・川上 |
| | 社会的再生産過程＋労働過程 | | 宮本（『社会資本論』初版） | 斉藤 | 加藤 | |
| | 労働過程 | 池上 | | | | |
| 質料的内容規定の軽視説 | | 島津[2] | | | | |

（注）
（１）資本範疇を基準に資本形態をとらない公共施設などに限定するという意味でいわば消極的な形態規定説となっている。
（２）島津説にも「社会資本」の対象として生産手段一般という限定はある。
（３）以上の諸氏の見解については本書第１～２章参照のこと。

縦軸は「社会資本」の質料的・素材的内容は何であるかという軸です。横軸の方はそれが資本範疇とどのようなかかわり合いをもっているかということを示しています。

最初に縦軸の方から説明したいと思います。個々の労働過程から位置づけて、マルクスが『資本論』で「一般的労働手段」という言葉を使っていますが、訳語的には「普遍的労働手段」といった方がよいのですけれども、これが「社会資本」の実体であるという位置づけが池上先生の方からなされております。しかし、マルクスのいっている「普遍的労働手段」というのは実は「大地」のことです。このことは、ドイツの経済地理学者シュミットレンナーも書いています。しかし、我国においては、戦前の唯物論研究会以来、今日でも芝田進午先生などは、道路だとか人間の造り出した人工的なものをも含めて「普遍的労働手段」と呼んでいます。それはさておき、問題として残されていることは、このように広くとらえた普遍的労働手段を社会資本の実体とみなした場合でもその中には工場建物などが入ってくることです。それは今日「社会資本」の中から当然排除されているものです。社会資本概念は、直接的な労働手段となっているか、間接的労働手段となっているかという個々の労働過程の視点から果して明らかになるだろうか、そうではなくて、社会的再生産全体の見地からみる必要があるのではないかというのが私たちの考え方です。この見解については、必ずしも明確ではないが山田喜志先生、遠藤晃先生などがほぼ同じ様な考え方ではないかと思います。その際、二つに分ける目的ですが、もともと分類は何を明らかにしようとしているかという研究目的に規定されるものですから、具体的に資本蓄積における公共投資の役割等を分析する場合にはそれなりの意義があります。そうでない場合には、一括して論じていいものもあるし、或いはもっと違った区分の仕方、例えば施設部門と生産部門、あるいは道路、鉄道など本来の社会資本（基礎施設）と公園、学校など生活関連社会資本（生活施設）、さらにエネルギー部門と交通部門他といった分類も可能であるということです。あとその中間に位置づけられる見解として、斉藤博、加藤一郎の両氏の説もそうだとおもいますが、いわば折衷説がありまして、実体は何かということについてはまだ議論が続いています。なお、宮本先生はかなり以前から質料的な規定が大切だという指摘をしていますが、そのことを無視したような異質な考え方もあります。それは島津先生ですが、氏の見解には鋭い理論感覚がうかがわれますが、かえって「社会資本」を特殊な資本に仕立てあげており、「社会資本」の資本と言う用語にとらわれているようにもおもわれます。率直にいわせてもらいますと、マルクスの『資本論』の組み替えを行なって、先験主義的な資本規定をする。社会資本をある程度資本にして、最初から資本だと思って資本の範式をつくって分析すれば社会資本が資本だというのはあたりまえなのでして、そのことと現実にどうなっているかは全く別であります。この見解は一種の極端な資本説です。資本だったら、別に素材的内容が何であろうと、橋であろうと石油であろうと関係なくなってしまいます。

つぎに、横軸の説明に入ります。私たちの見解は、社会資本概念そのものは資本では無いとみる点で明確であります。しかしもっと具体的にいいますと、例えば、鉄道等が国鉄、私鉄を問わず企業的経営が行われている時は、その施設を資本と見るし、一般道路の場合のように企業的に経営されていないものは資本とみないという、ごくあたりまえな考え方です。「社会資本」とはもともと資本主義的経済関係に規定された概念ではないからこそ、「社会資本」と資本概念との関係は、さしあたり切り離して考えることができるのです。資本説をはっきりとるのは、島津先生と、その草分けともいえる池上先生です。ただし池上説につきましては多少図式化しすぎたきらいもありまして、旧説ではそうではないところもあるのですが、一応ここに入れさせていただきました。あと真中にいろいろ説がありますが、注目したいのは山田先生の説です。氏は、論文「国富概念と国富統計」において「社会資本」は範疇的な意味での資本ではないと明確に指摘しています。しかしその場合、「社会資本」を資本でないものに限定するといったゆきすぎが感じられます。ともあれ、最近、氏は更に新しく理論を発展させまして「〝社会資本〟に関する理論的諸問題」をお書きになっています。それは狭義の公共投資の対象としての「社会資本」を分析する上では傾聴に値するように思われますが、鉄道（私鉄）とか電力など普通「社会資本」といわれているものが入らなくなる点で、私たちの見解とは若干異なっています。その点で宮本先生は、民間資本が営む部門も「社会資本」に入れてもよいではないかと以前から疑義をとなえています。宮本先生はかなり現実に忠実な人でありまして、概念と現実の間を何とか埋めようと努力なさっている。そういう意味で、いろいろな説がつぎ木されたという面が『社会資本論』にあります。いろいろな説の丁度真中にあるということは、いろいろな側面が宮本先生の体系の中にあり、「現実との格闘」が確かにあることはもちろんですが、ただそれが理論的に正しいかどうかということとは別の問題があるといわねばなりません。宮本先生の見解には、どうも無理な説明があります。例えば、独占段階において社会資本化すると資本のところにかなり力点を置いて、巨大企業が使う道路等については実際間接費として企業の資本になっているじゃないかという言い方をして「社会資本」に資本の意味づけを与えていますが、それは説得的ではないと思われます。そのことは新しい論点にもつながってきますが、擬制的に資本に見えるということと現実にそれが資本形態といえるかどうかを区別してみる必要があるということです。

　以上が一応従来の説のまとめでして、初めに述べた第一の問題群と第二の問題群があまりにもからみ合った形で議論がされて複雑難解になっていますが、私たちの見解がそういう中で横に飛び出しているのはそれなりの意味があります。そもそも従来の見解からやや飛び出して考えてみようということで整理をしたわけです。社会資本概念の本質についての一応の説明は右に述べたとおりです。

もちろん、私たちの見解は必ずしも実証的調査研究をふまえて出されたものではありませんし、七〇年代初めの時代状況を反映した理論認識の狭さもみうけられるとおもいます。そうした限界については率直に認めておく次第です。

## 3　さらに探求するべき若干の論点

私達が今後「社会資本」研究を進めていく上でどんな点を探求していったらよいか、特に、理論や政策とのかかわり合いでどこを深めたらよいかということについて、以下いくらか述べてみたいとおもいます。

### (1) 資本形態について

まず第一に、「社会資本」というカッコつきの資本と厳密な意味の資本あるいは資本形態との関係はいかにあるかということです。私たちは、もともと社会資本概念を資本範疇と見ていませんから、それが企業的経営手段として使われている場合においてのみ資本形態をもつという考え方です。だから、電力でもその電力施設が実際電力会社によって資本主義的に経営されて、企業がその施設を使っていれば資本であって、そうでない場合は資本ではないという、ごく素朴な考え方です。したがって、一般道路は資本としてみていません。それがいかに企業の輸送部面で生産的機能をもつとしても、そ

**図4－5　社会資本の固定資本諸形態**

| 部門＼形態 | （Ⅰ）非資本の固定資産 | （Ⅱ）固定資本 | |
|---|---|---|---|
| | | a 非生産資本 | b 特殊な生産資本 |
| 生産部門 | | × | 鉄道<br>電力<br>ガス |
| 施設部門 | 一般道路<br>港湾 | 有料道路 | × |

のもの自体（一般道路）は資本といえないということです。このことは、機能的形態と資本そのものとを混同してはいけないということにもつながります。

この資本形態を考えていく場合、〝君達は資本をどう考えているんだ。つまり、資本ではないといっただけでは困るではないか。資本とのつながりをいいなさい〟という主旨の遠藤先生からの御批判を受けまして、図4－5のように固定資本の諸形態として整理してみました。

社会資本というのは、まず第一に、資本となる場合は固定資本を主体とします。耐久施設を主体としていますから、当然、価値の移転方式も固定資本的になります。この場合、機械装置等の「本来の固定資本」とは区別された「土地に合体された固定資本」と云う形態をとることが肝要であります。

また、社会資本の資本形態について考えていく際に、従来なかった「固定資本の第二形態」という概念を新しく設定すると問題が明確になります。これはマルクスが暗示的にふれていたことを私たちが初めて定式化したものです。例えば、道路が有料道路として企業的に営まれた場合、その使用者は対価を払って使用するのではなく、いわゆるサービスとして現象し、料金を払って使用します。その場合は「固定資本の第二形態」となる、ということ

図４－６　所有主体からみた社会資本の資本形態

| | | | |
|---|---|---|---|
| 国家資本 | ………… | 国鉄、電電公社 | |
| （中間形態） | ………… | 第３セクター等 | ←―（Ⅱ） |
| 民間資本 | ………… | 私鉄、電力 | |

ができます。このような有料道路等の施設部門と、生産資本ではあるが「特殊な例外的な生産資本」とマルクスがいっている鉄道業等の物質的生産部門とは、「使用価値形態で売られる」という共通面をもっていますが、資本形態の差異から分ける必要もあります。したがって、「社会資本」といわれているものの分類は、非資本としてとどまるもの（Ⅰ）を除くと、私たちが以前に質料的側面から生産部門と施設部門とに分けたこととかかわって、資本主義的な企業の経営手段（資本）として位置づけられるもの（Ⅱ）が非生産資本としての固定資本（a）と特殊な生産資本としての固定資本（b）との二つに分けられます。特徴としてあげられることは、「社会資本」の素材的分類すなわちここでは主として生産部門と施設部門との分類が、この資本形態と密接に不可分にかかわっていることです。つまり、鉄道・電力等の物的生産部門は、労働力が加わって剰余価値を生産することができます。というのは、それが如何に特殊であろうとも一つの生産資本として理論的に位置づけることができるということです。ところが、施設部門は（ここでは建設過程を除いています）、それを管理・運営する側は、剰余価値を生産するのではありません。歴史的にみますと、イギリスの産業革命期に沢山つくられたターンパイク道路は、当時、道路の二〇％を占めたといわれていますけれども、これをつくる過程においては建設業の剰余価値が実現されるでしょうが、建設後の管理する過程においては、

そこで働いている関係者が別に新たな剰余価値をつくり出しているのではなくて、むしろ非生産資本としての固定資本（「固定資本の第二形態」）として機能していると位置づけることができます。

このような資本形態の分類を別の視角から、即ち所有主体からみて整理すると、図4-6のようにいわゆる国家資本と民間資本に分けられます。今日の場合、有料道路等は厳密に国家資本といえるかどうか難しい問題がありますけれど、一応国家資本と呼んでおきますと、イギリスのターンパイク道路のようなものが民間資本から国家資本に変わるとか、いろいろな動きがあります。このことは、歴史的に社会的経済的構造の総過程の中で「社会資本」というものを見ていかなければならないということ、つまり「総過程の部分現象」（カウツキー）として見ていかなくてはいけないということを意味しているとおもいます。

## (2) 国家の総括について

現実に「社会資本」の多くは、ほとんど公有部門になっています。具体的には、公共投資の対象として挙げられるものがかなり占めており、特に施設部門は然りです。このような「社会資本」をいわば「狭義の社会資本」と呼んでおきますと、これと国家の経済的役割がどのような関係にあるかということについて再検討してみる余地があるようにおもわれます。

この問題には二つの論点がありまして、一つは、「社会資本」が公有化するのはなぜかという問題です。宮本先生は『社会資本論』でかなり詳細に述べられているのですけれど、そこに挙げられている幾つかの特徴というのは、簡単にいいますと資本主義が成立しにくい条件ということなのです。非常に大規模な資金がかかるとか、利潤のあがり方が少ない等、マルクスがしばしば述べたように株式会社が登場すれば可能であるということを主張している訳です。しかし、そのことをもって公有化の根拠にするのはやや問題の一面をいっただけでして、他の部面もあることにもっと注意を払う必要があります。それは何かといいますと、国家が総括するための物的な経済的支柱になるという側面であります。例えば、道路等の交通手段を考えてみますと、もともと厳密な「公有」化というのはある程度資本主義経済の中で概念として確立されてくるとおもいますが、ともあれもともと半ば公有化されているものを、それが資本主義社会でなぜ公有化されるのかという問題のたて方は妙ではないかということを指摘しておきましょう。それから、公有化される場合いろいろな形があります。例えば、鉄道部門で初期に私鉄でやられていたものが国鉄になるとか、又、国有として国家資本的なものとしてやられていたものが民間資本的なものに代わってくるとか、いろいろな変形があります。こういう動きの中で見る場合の公有化の根拠がなぜ違うか。いずれにしても、国家の経済的役割と狭義の社会資本の関係をもう少し考え直してみる必要があります。「社会資本」といわれるものは、言葉としてそのように呼ばれたのは戦後だと思いますが、実体的なものとして例えば道路をあげますと、古代国家からずっとあります。それが何故につくられたかというと、「国家の物質的な基礎」としてマルクスはとらえています。それには階級社会の発生との同時出現という面もあり、問題は相当に歴史的であるというふうにおもわれます。簡単にいうと、国家の経済的役割と「社会資本」といわれているもののとはすごく歴史的な関係があるということです。それが、国家のいわば物質的な基礎となるところに注目する必要があります。最近、経済学においてもよく国家論が議論され、「国家の総括」ということがいわれていますが、国家独占資本主義段階においては社会資本は国民経済管理の重要部門として位置づけられるようになっています。そこで、ひとまず「社会資本」とりわけ公共投資部門との関係について考えてみようと思います。結論から申しますと、公共投資としてつくられたものの中にはいろいろなものがありますけれど、原則として、国家が経済構造全体を管理する、資本主義社会でいえば資本主義国家が資本主義社会を全体として管理する、その物的な基礎条件になっているということです。道路等への公共投資が「国家の総括」のいわば物的な支柱になっており、また、そういう位置づけから道路等がつくられているということです。そのことが、発達した資本主義社会の中ではより強く広く貫徹されていくのではないか、もちろん様々な条件があって、あるものはいわば直接的な国家の所有物である「社会資本」からそうでないものに出たり引っ込んだりしますが、基本的な枠組としてそういうものがあるのではないかということです。なぜ「社会資本」の多くが公有部門になっているかというと、「国家の経済的総括」の一環として公共事業があって、その公共事業の対象だからこそもともと公有にならざるをえないという側面があることです。いわば「コロンブスの卵」みたいな問題です。

つぎに、狭義の社会資本の経済的特徴について考えてみましょう。これはいわば財政学原論になるとおもいます。もちろん、財政の中にもいろいろな今日的な諸現象があって一筋縄ではつかめない難しい問題があるとおもいますけれども、財政そのものは資本主義社会である限り剰余価値部分を主な源泉として支出されたものが必ずしも資本主義的意味での生産的消費つまり剰余価値を生み出すものとして投資されるのではなくて、いわば再生産外的な消費に入ることが多い。つまり、一般道路をつくった場合、建設請負会社を例にあげると、確かに国家の財政から金が支払われて建設での剰余価値が実現されます。しかし、いったん国家が一般道路を自分のもとにおいた場合、それをさらに資本主義的手段として使っているのでは決してありません。広い意味で社会的消費過程に入り込んだということです。この場合は有料道路などのように対価が支払われて、価値的な意味で資本主義的再生産の中に組み込まれているのでもありません。こういう問題を考える場合、「国家の経済的役割」を正しく位置づけることは非常に重要ですし、国家の財源からいえばそれが社会的剰余になっているという面を見る必要があります。このような意味で、「社会資本」を「国家の経済的役割」という視角からとらえなおしていく必要があるんだということを強調した訳です。宮本先生も後に、『経済セミナー』の「社会資本とはなにか――経済学ここがわからない・対話篇」の中で、〝私の説明には落ちているところがあった。国家の経済的総括という問題が抜けている〟というようなことを述べております。つまり、何故公有化されるかということを、国家の役割ぬきに純経済的な面のみから公有化され一括されるというふうに見ているのは片手落ちだという説明をしていますから、その点は宮本先生も気づいているところなのです。

## (3) 政策とのかかわりについて

最後に、現実にどう打開するかということで、社会資本政策とのかかわりについて見ていきたいとおもいます。これは、今まで述べてきたことと実に深い関係がありまして、ここでは三点取り上げてみましょう。

第一に、社会資本の中で公共投資として建設されるもの(狭義の社会資本)についてですが、その中にいわゆる産業基盤か生活基盤かという対立があります。現実に、高度経済成長期において産業基盤が優先されてきたし、その破たん期あるいは動揺期といわれる七〇年代以降においても基本的構造そのものは変わっていないということが、しばしばいろいろな分野から指摘されています。このことはどのような意味をもっているのか。産業基盤が優先され生活基盤が立ち遅れるということは、単に経済法則的な問題かどうか、たとえば再生産表式において生産手段生産部門が優先的に発展し消費資料生産部門は相対的に立ち遅れるという問題との類推が許されるかどうか。この点については、もともと資本ではないものをいわゆる再生産様式に資本として位置づけて分析することはできないからそのような類推はごく一部をのぞいてできないというのが私たちの結論です。公共投資の基本的な性格は社会的剰余の権力的配分ですから、原則的には経済政策によって決ってきます。つまり、政府がどのような利益を代表して、どのような政策をとるかによって財政支出の配分が決ってきます。だから、この配分に関しては、再生産表式の第一部門優先発展の法則が自動的に作用しているのでは決してないということです。例えば道路を例にとると、これは必ずしも第一部門の量的増大によってだけ必要なのではなくて、第二部門の消費財の発展によっても必要になってきます。むしろ、両部門を含めた直接的生産全体の量的拡大発展によって規定される面が強い訳です。再生産表式に位置づけられるはずの鉄道等のやっかいな問題も残されていますけれども、「狭義の社会資本」については一応そのように考えることができるだろうとおもいます。

さて、産業基盤と生活基盤との比率を高度成長期のそれとは逆転させるという政策上での議論がありますけれど、経済学的には、それを変える根拠はどこにあるのかを分析せねばなりません。たとえば経済法則として再生産表式の第一部門の拡大のように見るならば、変える根拠は資本主義経済を根本的に変えるしかありません。しかし、理論的にもそういうことはいえないようです。

第二に、「公共性」とは何かという論点です。この点については、具体的に住民運動等からいろいろと盛んな問いかけがあって、「公共の福祉」のためにつくられたところの施設だけれども実際には公共の利益にならないということ、特に七〇年代では住民集団間の利害関係（いわゆる住民エゴ）の調整ともかかわって非常に問題になりました。

「公共性」というのはよく考えてみるとかなり曖昧な概念です。公共経済学でも、公有という意味と公衆の利益のためというか不特定多数の消費みたいなものを区別する必要があるといっています。いずれにしても私たちは、公共性そのものの欺瞞性を指摘するだけでは、つまり、「公共財」などといわれているものが反公共的だとか、実際に政府等が公共性があるといっているものはよくみれば反公共的ではないかというだけでは、不充分であるとおもいます。

この間の関係をどうみたらよいかというと非常に厄介な問題があります。公共性というのは一つの曖昧な概念ですが、より厳密には私たちは、公共性の形式というものを不特定多数の消費形態として規定し、その内容というものを社会一般、とりわけ国民大衆の利益の為にというように把握します。このように考えてみるならば、産業道路とか高速道路等がどんどん造られるために迷惑する人たちがでてくる場合、公共性という形式があるからこそ「社会資本」といわれているものが反公共的な内容をもつものとしてとりわけ鋭い矛盾をもってくる。そもそも、巨大企業等は公共投資を我が者顔で使っている訳だが、公共的でない領域内で、例えば会社の工場施設の中で何か悪いことをしても、それほど文句をいわれないし、また、公共性の問題そのものが生じにくいのではないでしょうか。公共的なものとされているものを事実上かなり独占的に使っているために問題が生じているということは、そこに公共的な何らかの性格があるからこそであるということに着目する必要があります。だからこそ、「公共性」の欺瞞性をみるだけではなくて「公共性」の形式と内容の間に今日の鋭い矛盾が現れざるをえないということができるのです。

最後に、国家資本の見方についてですが、小谷義次先生たちの『国家資本の理論』を読むと概念的にすっきりしない点がみうけられます。私たちは、一応、国家資本というのは政府等が企業体としてもっている資本とみてまして、あまり難しく考えていません。ただ、具体的に、国家が直接的に所有している場合は、そこに独自の論理が働いています。単に、儲け本位で国家資本も資本だから利潤追求の法則によるのだと一般的なことを強調することはあまり意味がなくて、むしろ、国家がなぜそのような部門を企業的に経営しているのかという事情を具体的に見る必要があるとおもいます。同時に、国家資本を広くとらえるとなかなか資本とはいえないような部門もありますᄋ赤字ばかりだすという場合、その中にある資本的側面と財政からの資金的側面とでもいうべきものを区別してみて、現実には、折衷的なもの・組合せとして見る必要があるのではないかと考えている訳です。これは必ずしも「社会資本」の分野だけではなくて、例えば、日本の企業中最大の利益を得ているといわれる専売公社をみてもわかるように、その利潤は広い意味の「間接税」として税収のために使われています。だから、利益をあげるということで単純に民間の独占資本と同一視してはならないのです。それは、国家の租税政策、経済政策その他によって規定されてくるということです。資本だから資本の運動をする、だからいけないのだという見方は正しくありません。いかに国家資本の枠組みを管理するか、料金とか国家からの資金援助だとか、要するに管理そのものの中味に最も大きな今日的課題があるように思われます。繰り返しになりますが、「社会資本」を国家資本的なものとしてみたり、あるいは特殊な資本としてみる場合、資本だからいかんのだという議論は一面的であり、あまりにも一般的すぎるのではないか。現実的な資本をみる場合、国家がいかなる外的な経済事情によって制約しているかをもみる必要があって、その場合、料金体系とか、発注方式とか、施設をつくる目的の問題から、更には国家の援助の仕方とかいろいろな問題がからんでいる訳です。このような現実の中でみる必要があり、国家資本だから良いとか悪いとかいうのは今日の状況に照らすと正しくないのではないか。政策的にも理論的にも相当深い問題があります。以上、今日の社会資本政策を一体どうするかということを、三点にわたって簡単にみてきました。そのほか、民間ディベロッパーの役割や受益者負担の問題、国鉄の民営化の問題などいろいろ検討課題がありますが、さしあたって基礎的な問題に限ったわけです。

よく独占資本と国民の対立ということがいわれますけれども、単に政治的プログラムの問題とするだけではなくて、経済の実態に即して見なければならないし、また、見ることができるということを強く主張したいと思います。そのためには、現実をすっきりみていけるような前むきな研究視角を確立する必要があります。そういう点で、私たちもそれなりに一所懸命やってきたのですが、今後の社会資本研究をさらに高い水準でおしすすめるために、私たちの問題提起がなんらかのタタキ台になればと願っています。非常に簡単ですけれども、かけ足で私たちがどういう問題意識から社会資本研究を行なってきたか、そして、今後どうしていったらよいかということを述べてきました。

宮本先生の『社会資本論』は、非常に体系的かつ創造的意義をもっていたし、確かに日本の独占資本主義の下における「高度成長」期の学問的反映でもありました。しかし、そのシェーマが産業基盤優先の社会資本充実政策の「反映」でありすぎたところから、政策の批判としてそれなりに有効であっても、それをどう改めたらよいのかという展望が生活基盤優先の社会資本充実という方向以外には氏の理論からはっきり出てこないのではないかとおもわれます。しかも、宮本先生のおっしゃる理論的なる部分は必ずしも実証分析の中で使われていないうらみがあります。「社会的一般労働手段」と「社会的共同消費手段」のところは当然のことながら使っていらっしゃいますが、その他についてはほとんど理論を実証分析に使っていません。よく見ると、統計表とかその他についてもあまり組み替えはされていません。宮本先生が私たちの論理を実証的に裏づけられていない、したがって有効でないと批判されているのを耳にするのですが、それはどうもいただけないのではないかとおもわれます。私たちの研究も多分に「素人」的なところがあるかもしれませんが、「ハダカの王様」の話にたとえばみれば、かえって専門的研究者が「社会資本」の諸問題を率直にみれないところもあったのではないか。その意味で、私たちの「子どもの眼」もその役割が小さくないとおもっています。とりわけ低成長期の財政危機のなかで、産業基盤優先がなお続いているもののその政策基調には重大な変化が生じています。例えば、民間大資本による巨大プロジェクトの推進、政府企業の民営化、国と地元自治体との役割分担の不明確化、受益者負担の強化など、どれをとっても従来の諸説はその分析の有効な枠組となりにくくなっているかにおもわれます。もちろん、私たちの議論にも宮本先生たちからもっと学ぶべきだった課題、とりわけ今日の焦点の問題のひとつとなっている地方自治や市民参加の役割について具体的にほとんど展開されてないところが残っていることは十分承知しております。それにもかかわらず、社会資本の概念規定とそこから生れた社会資本の分類や経済的諸形態の分析などによって、私たちのささやかな基礎的研究は少なくとも社会資本をめぐる現代的な諸問題解明の手がかりを与えることになるのではないでしょうか。

ところで最後にどうしてもふれておかねばならないことがあります。ご承知のように本書で取り扱っている宮本先生の『社会資本論』はあくまで旧版（一九六七年版）についてなので、私たちが以下述べることのなかには、すでに改訂版（一九七六年版）で「若干の補修」がなされている部分もみうけられるとおもいます。しかし、改訂版のあとがきで、宮本先生ご自身が、私たち「の定義については、依然として疑念をもっている。両手段［一般的労働手段と共同消費手段のこと——引用者］はかりに同一名称でよばれていても再生産過程における役割はことなっており、そこにこそ、資本主義国家の総括に矛盾が生まれるのである。（中略）このいみで、両手段の役割を区分しながら、国家によって総括するという方法は依然として正しい」と明言されています。したがって、私たちがきわめて理論的な範囲に限ってふれた諸点については、残念ながら、いまだに若干の誤解を受け、かつまた基本的対立もあるようにおもわれます。読者の皆さんも以上のことに留意されながら、以下の本論（京極・川上『社会資本の理論』時潮社、一九八四年）をお読みいただければ幸いです。

（初出）拙稿「経済理論と〝社会資本〟研究」『労働と研究』基礎経済科学研究所東京支部、一九七六年創刊号

## 《解題》

本章は敬友川上則道氏とのサラ研時代の共著（当時のペンネーム北沢啓明・仲田朋道の両名による）で「わが国における当該研究の先験者である宮本憲一先生の見解などに対して大胆な論争を挑んだドキュメント」（京極・川上『社会資本の理論』時潮社、1984年「あとがき」）となっている。本章の京極、川上の完全な共同論文であり、川上氏の許諾を受けて掲載されているが、一応の執筆分担は、私が（一）、（二の1）、（三の1）、（三の2）を担当した。

本章の主な内容に関しては、大きく二つある。

その一つは、宮本氏が社会資本を労働手段と消費手段との二つの部門に分け、「社会的生産手段」を「社会的消費手段」とし、前者が後者を押し退けて肥大する現代政策を批判していることに対し、社会資本を「社会的生産の共同社会的一般的条件」（マルクス）と捉え、その機能が主として生産手段として機能している、あるいは消費手段として機能していることを検討する必要があるとしている。

その二つは、社会資本概念はそもそも資本範疇でなく、固定資産（ストック）の意味で捉えるべきだとしたことである。その場合、固定資産が例えば歴史的なターンパイク道路のような固定資本（第2形態）となる場合とならない場合があるとみている。

また、その他の論点としては国家の公共投資の結果、社会的施設部門は、「国家による（経済的）総括」（マルクス）の結果であり、公共事業は「国家による総括」の物的支柱となっているという私たちの認識が重要である。

いずれにしても、繰り返しになるが、私たちは次のように結論づけている。

「宮本先生の〝社会資本論〟は非常に体系的かつ創造的な意義をもっていたし、確かに日本の独占資本主義の下における〝高度成長〟期の学問的反映でもありました。しかし、そのシェーマが産業基盤優先の社会資本充実政策の反映でありすぎたところから、政策批判としてそれなりに有効であっても、それをどう改めたらよいのかという展望が生活基盤優先の社会資本充実という方向以外には氏の結論からはっきり出てこないのではないかとおもわれます」（拙稿「経済理論と〝社会資本〟研究」『労働と研究』基礎経済科学研究所東京支部、1976年、創刊号、本書第4章補遺31頁）。

以上、ごく簡単に宮本憲一氏の社会資本論を半ば肯定的に批判してきたが、その後、私たちは『経済』で継続的検討を続け、不十分なところを承知して、両名の共著で『社会資本の理論』（時潮社、1984年）を出すに至った。

なお社会資本研究は戦後日本資本主義の現状分析をふまえてより実証的に論議されるべきだが、その後は私どもも各々別の研究分野に入っていったため残念ながら中断されざるを得なくなったことをおことわりしておきたい。

京極髙宣（きょうごく・たかのぶ）
東京大学大学院経済学研究科博士課程（経済学専攻）修了。

1995年4月　日本社会事業大学学長（～2005年3月）
　　　　　日本社会事業大学名誉教授（現在に至る）
2005年4月　国立社会保障・人口問題研究所所長（～2010年3月）
2008年8月　全国社会福祉協議会中央福祉学院学院長（～2017年6月）
2010年4月　国立社会保障・人口問題研究所名誉所長（現在に至る）
2010年7月　社会福祉法人浴風会理事長（現在に至る）

主な著作に、『京極髙宣著作集（全10巻）』（中央法規出版、2002-2003年）、『社会保障と日本経済――社会市場の理論と実証』（慶應義塾大学出版会、2007年）、『福祉レジームの転換――社会福祉改革試論』（中央法規出版、2013年）、『福祉書を読む』（ドメス出版、2014年）、『糸賀一雄の思想と生涯』（ミネルヴァ書房、2014年）、『福祉法人の経営戦略』（中央法規出版、2017年）など。

**わが青春のマルクス主義**

2019年12月5日　初版第1刷発行

著者――――京極髙宣
発行者―――平田　勝
発行――――花伝社
発売――――共栄書房
〒101-0065　東京都千代田区西神田2-5-11 出版輸送ビル2F
電話　03-3263-3813
FAX　03-3239-8272
E-mail　info@kadensha.net
URL　http://www.kadensha.net
振替　00140-6-59661
装幀――――佐々木正見
印刷・製本――中央精版印刷株式会社


ISBN978-4-7634-0907-2　C0036